Mathias Löbelenz

Antwortkatalog Biologie für Mediziner

zum Gegenstandskatalog 1 (2. Aufl.)
mit 102 Original-Fragen

4., ergänzte und verbesserte Auflage

Verlag Jungjohann · Heidelberg

Die Antworten wurden beim Landesprüfungsamt auf ihre Richtigkeit überprüft. Da die Antworten des LPA nicht in allen Fällen mit denen des IMPP (das aus Prinzip die richtigen Antworten nicht veröffentlicht) übereinstimmen, bitten wir um kritische Durchsicht.

Alle Rechte vorbehalten

1. Auflage Januar 1977
2. Auflage April 1978
3. Auflage März 1980
4. Auflage Oktober 1981

Nach dem Urheberrechtsgesetz vom 9. Sept. 1965 in der Fassung vom 10. November 1972 ist die Vervielfältigung oder Übertragung urheberrechtlich geschützer Werke nicht gestattet. Dieses Verbot erstreckt sich auch auf die Vervielfältigung für Zwecke der Unterrichtsgestaltung – mit Ausnahme der in den §§ 53, 54 URG ausdrücklich genannten Sonderfälle –, wenn nicht die Einwilligung des Herausgebers vorher eingeholt wurde. Als Vervielfältigung gelten alle Verfahren einschließlich der Fotokopie, der Übertragung auf Matrizen, der Speicherung auf Bändern, Platten, Transparenten und anderen Medien.
Wie allgemein üblich, wurden Warenzeichen bzw. geschützte Namen (z.B. bei Pharmapräparaten) nicht besonders gekennzeichnet.

Copyright 1977 Dr. med. H. Jungjohann, 7107 Neckarsulm

Druck: Heidelberger Reprographie A. Grosch, Seestr. 72, 6901 Eppelheim-Heidelberg
Vertrieb: Gg. Lingenbrink (Libri), Postfach 3584, 6000 Frankfurt/Main

VORWORT

zur vierten Auflage

Die Tendenz auf dem Buchmarkt zeigt eine zunehmende Fülle der Umfänge einzelner Bände zur Prüfungsvorbereitung. Dies geht scheinbar mit der Tendenz einher, ein Lehrbuch ersetzen zu wollen.

Ich kann diese Meinung anderer Autoren nicht teilen. Der vorliegende Band erscheint nunmehr in der 4. Auflage. Das Konzept ist immer noch dasselbe geblieben. Der Band soll und kann kein Lehrbuch der Biologie ersetzen, sondern er soll der optimalen Prüfungsvorbereitung dienen. Der Stoff wird genau nach dem GK 1 (2. Auflage) behandelt, ist aber dennoch so ausführlich und mit zahlreichen Abbildungen versehen, daß er ohne weitgehende Vorkenntnisse verständlich ist.

Der Gegenstandskatalog setzt die Kapitel „Aufbau der Zelle" und „Funktion der Zelle" als 6. und 7. Kapitel an den Schluß. Für das Verständnis der Kapitel 1 bis 5 halte ich es jedoch für absolut notwendig, sich zunächst mit den Kapiteln 6 und 7 zu beschäftigen.

Zur Überprüfung des Wissens habe ich als Anhang – nach Kapiteln geordnet – Original-Prüfungsfragen mit Antworten im Fach Biologie aufgenommen.

Für Verbesserungsvorschläge, die in einer weiteren Auflage berücksichtigt werden können, bin ich dankbar.

Heidelberg, im Juli 1981　　　　　　　　　　Mathias Löbelenz

INHALTSVERZEICHNIS

BIOLOGIE FÜR MEDIZINER

1.	GENETIK	1
1.1	Reifeteilung (Meiose)	1
1.1.1	S-Phase	3
1.1.2	Verlauf der 1. Reifeteilung	3
1.1.3	Verlauf der 2. Reifeteilung	3
1.1.4	Funktion der Reifeteilung	4
1.2	Chromosomenfehlverteilung	8
1.3	Chromosomen als Kopplungsgruppen der Gene	10
1.4	Geschlechtschromosomen und Geschlechtsentwicklung	12
1.5	Strukturelle Chromosomenaberrationen	13
1.6	Mendelsche Erbgänge	16
1.7	Kodominanter Erbgang	18
1.8	Autosomal-dominanter Erbgang beim Menschen	18
1.9	Autosomal-rezessiver Erbgang beim Menschen	20
1.10	Geschlechtsgebundene Erbgänge beim Menschen	21
1.11	Gene der Bevölkerung	23
1.12	Multiple Allelie	23
1.13	Multifaktorielle Vererbung	24
1.14	Multifaktorielle Vererbung mit Schwellenwerteffekt	24
1.15	Mutationen, Allgemeine Grundlagen	25
1.16	Somatische Mutationen	26
1.17	Mutationen und Folgen im molekularen Bereich	26

1.18	Mutationen, Auslösung durch ionisierende Strahlen	26
1.19	Chemische Mutagene	27
1.20	Genwirkung, Beziehung zwischen Genotyp und Phänotyp	27
1.20.1	Letalfaktor	27
1.20.2	Penetranz	28
1.20.3	Expressivität	28
1.20.4	Pleiotropie	29
1.20.5	Heterogenie	29
1.21	Gene, Proteine und Enzyme beim Menschen	29
1.21.1	Genwirkung	29
1.21.2	Stoffwechselblock	31
1.21.3	Phänokopie	32
2.	EVOLUTION	34
2.1	Begriff Evolution	34
2.1.1	Artbildung	34
2.1.2	Artbegriff	34
2.2	Faktoren der Evolution	35
2.2.1	Mutation	35
2.2.2	Selektion	35
2.2.3	Isolation	36
2.3	Folgen der Evolution am genetischen Material (Chromosomen)	36
2.3.1	DNA-Gehalt	36
2.3.2	Ursachen für einen erhöhten DNA-Gehalt bei Vielzellern	36
2.3.3	Strukturelle Chromosomenaberrationen	37
2.3.4	Fortpflanzungsisolation	39
2.4	Folgen der Evolution im Aufbau des Hämoglobins	40
2.5	Evolution eines Organsystems am Beispiel des Blutkreislaufes bei Vertebraten	41

2.5.1	Herz und Kiemenregion	41
2.5.2	Doppelkreislauf bei Entstehung der Lungenatmung	43
2.5.3	Umformung des Herzens	44
2.5.4	Konsequenzen der Trennung von Lungen- und Körperkreislauf	46
2.5.5	Abwandlung der ursprünglichen Anlagen durch neue Merkmale	47
3.	MORPHOLOGIE UND PHYSIOLOGIE DER EIN- UND MEHRZELLIGEN ORGANISMEN	49
3.1	Zellbewegung	49
3.1.1	Amöboide Zellbewegung	49
3.2	Gewebsentstehung und Zelldifferenzierung	50
3.3	Regeneration	51
3.4	Funktionale Veränderungen	52
3.4.1	Hypertrophie	52
3.4.2	Atrophie	53
3.4.3	Metaplasie	53
3.5	Entwicklung des Bewegungsapparates der Vertebraten	53
3.5.1	Segmentaler Aufbau der Leibeswand	53
3.5.2	Ursprünglicher Bewegungsablauf	54
3.5.3	Gliedmaßenbildung	54
4.	GRUNDLAGEN DER MIKROBIOLOGIE	55
4.1	Die großen Gruppen der Mirkoorganismen	55
4.2	Bakterien – Organisation der Bakterienzelle	55
4.3	Vermehrung und Züchtung von Bakterien	60
4.4	Hemmung des Wachstums und Abtötung von Bakterien	62
4.5	Änderung von Erbeigenschaften der Bakterien	63

4.6	Ökologische Bedeutung der Mikroorganismen ...	65
4.7	Viren, Aufbau, Vermehrung und Züchtung	65
5.	ÖKOLOGIE	71
5.1	Grundbegriffe	71
5.2	Autökologie	72
5.2.1	Toleranz und Präferenz	72
5.2.2	Temperatur	72
5.2.3	Licht	73
5.3	Populationsökologie	74
5.3.1	Population	74
5.3.2	Populationsdynamik	75
5.4	Biozönotischer Zusammenhang	76
5.4.1	Begriffsdefinitionen	76
5.4.2	Begriffsdefinitionen	77
5.4.3	Nahrungsketten und Stoffkreislauf	78

GEMEINSAMER TEIL ANATOMIE – BIOLOGIE

INFRASTRUKTUR UND FUNKTIONEN DER ZELLE

6.	AUFBAU DER ZELLE	82
6.1	Zellbegriff	82
6.2	Protoplasma	82
6.3	Cytoplasma	84
6.4	Karyoplasma	84
6.5	Größe und Form von Zellen	84
6.6	Zellmembran (Plasmalemma)	86
6.7	Zellkontakte	87
6.8	Transportmechanismus	88
6.9	Membranrezeptoren	90

6.10	Cytoplasmatische Membransysteme und Zellorganellen	90
6.10.1	Endoplasmatisches Retikulum (ER)	90
6.10.2	Golgi-Apparat (Golgi-Komplex)	91
6.10.3	Lysosomen	91
6.10.4	Peroxisomen	92
6.10.5	Mitochondrien	92
6.10.6	Ribosomen	94
6.10.7	Centriolen	95
6.10.8	Mikrotubuli	95
6.11	Zelleinschlüsse	96
6.12.	Oberflächendifferenzierungen	96
6.13.1	Zellkern	97
6.13.2	Chromosomen	97
6.13.3	Nucleolus	98
7.	FUNKTIONEN DER ZELLE	99
7.1	Funktionelle Bedeutung des Zellkerns	99
7.1.1	DNA als Schlüsselsubstanz	99
7.1.2	Primäre Genwirkung und Genaktivität	105
7.2	Proteinsynthese als Grundlage für Zellwachstum, Zellteilung und funktionelle Leistungen	107
7.3	Zellteilung (Mitose und Zytokinese) Intermitose-Zyklus (Interphase)	109
7.3.1	Mitose = Kernteilung	111
7.3.2	Cytokinese = Zellteilung	113
7.4	Endomitose	114
7.5	Amitose	114
7.6	Chromosomen höherer Organismen am Beispiel des Menschen	116

Benutzte Einheiten 118
Erklärung der Aufgabentypen 119
ORIGINAL-PRÜFUNGSFRAGEN ZUR BIOLOGIE 121
Antwortschema 148
Richtige Antworten 149
Stichwortverzeichnis 150
Literaturverzeichnis 154

Biologie für Mediziner
1. Genetik

1.1   REIFETEILUNG (MEIOSE)

Definition: Unter dem Begriff Meiose versteht man die Gesamtheit der Vorgänge, die zu einer Reduktion der Chromosomenzahl einer Geschlechtszelle auf die Hälfte ihres Ausgangswertes führen (der Begriff Chromosom wird in Kapitel 6.13.2 besprochen).

Jedes Chromosom (Träger des genetischen Materials) ist in jeder Zelle (Ausnahme: Geschlechts-Chromosomen einer männlichen Zelle) doppelt vorhanden (diploider Chromosomensatz). Der Chromosomensatz einer Geschlechtszelle muß um die Hälfte reduziert werden. Die Geschlechtszelle enthält jedes Chromosom nur noch einfach (haploider Chromosomensatz). Bei der Verschmelzung einer Eizelle mit einer Spermienzelle entsteht daher wieder eine Zelle mit doppeltem (diploidem) Chromosomensatz. Die Anzahl der Chromosomen bei der Befruchtung einer Eizelle wird durch diesen Mechanismus der Meiose konstant gehalten.

Die zur sexuellen Fortpflanzung dienenden haploiden Geschlechtszellen (Gameten) werden durch Reduktion der Chromosomenzahl von diploiden Körperzellen entwickelt. Die Entwicklung der Geschlechtszellen ist in der Spermatogenese bzw. der Ooegnese (Entwicklung der Eizelle) festgelegt. So entwickeln sich aus den Urkeimzellen, die den diploiden Körperzellen entsprechen, bei der Oogenese über die Oogonien und die Oocyte I die Polkörper und die Oocyte II, bei der Spermatogenese entsprechend über die Spermatogonien und die Spermatocyte I die Spermatocyten II und die Spermien (Abbildung zu 1.1, siehe Seite 2).

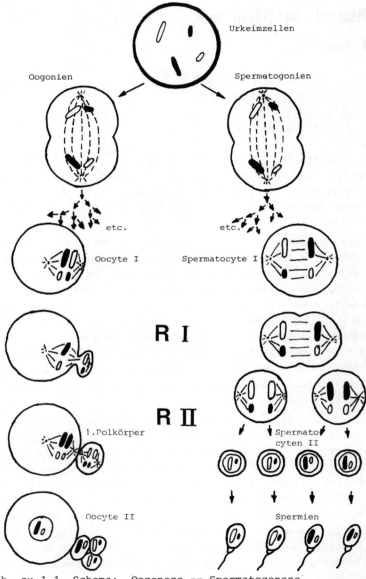

Abb. zu 1.1 Schema: Oogenese -- Spermatogenese

Die Meiose besteht aus der ersten Reifeteilung, in der die
Trennung der homologen Chromosomen erfolgt, und der zweiten
Reifeteilung, in der - prinzipiell einer Mitose gleichend -
die beiden Chromatiden voneinander getrennt werden. In der
Prophase der 1. Reifeteilung erfolgt die Paarung der homologen Chromosomen, indem sich - meist von den Chromosomenenden
ausgehend - die entspiralisierten homologen Chromatiden zusammenfinden. Bei der einsetzenden Paarung liegen die DNA-Stränge der "Nichtschwesterchromatiden" mit den entsprechenden Genorten exakt nebeneinander. Gegen Ende der Prophase I,
bei dem sich die homologen Chromosomen wieder voneinander
lösen, kann es in einem Teil der gepaarten Chromatiden zu
crossing over kommen.

1.1.1 S.Phase

Vor der Reifeteilung durchlaufen die Geschlechtszellen eine
ähnliche Entwicklung wie andere Körperzellen. Es erfolgt eine
Verdopplung (Replikation) der Chromosomen während der letzten
praemeiotischen Interphase, also vor der 1. Reifeteilung
(siehe 7,3).

1.1.2 Verlauf der ersten Reifeteilung

In der Metaphase legen sich die homologen Chromosomen nebeneinander. Die Chromatiden eines jeden Chromosoms werden zusammengehalten, da die Centromere als Folge der Chromosomenpaarung nicht geteilt werden. Im Gegensatz zur Mitosespindel
setzen in der Reifeteilungsspindel nur von einem Pol aus
"Chromosomenfasern" an den Centromeren an. Die ungeteilten
Chromosomen mit je zwei Chromatiden werden zu den Polen transportiert. Es liegt also eine Reduktionsteilung vor. Durch
diesen Verteilungsmodus erfolgt somit die Trennung der homologen Chromosomen und die Ausbildung haploider Tochterzellen
(siehe Abb. zu 1.1.2, Seite 4).

1.1.3 Verlauf der 2. Reifeteilung

Direkt an die Interkinese der 1. Reifeteilung schließt sich
ohne S-Phase und unter Umgehung einer Intermitose und einer

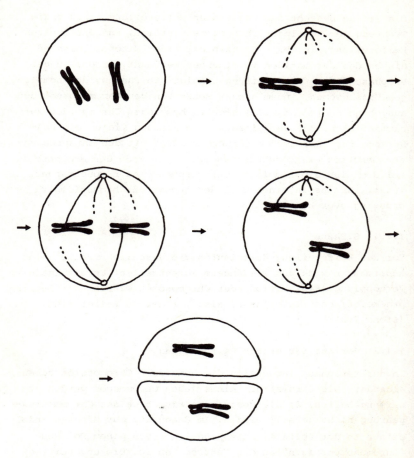

Abb. zu 1.1.2   Schema: Erste Reifeteilung der Meiose

ausgedehnten Prophase eine "Äquationsteilung" als 2. Teilung an. Wie bei einer Mitose trennen sich die beiden Chromatiden des haploiden Chromosomensatzes einer jeden Tochterzelle.

1.1.4 Funktion der Meiose

Das Ergebnis der beiden Teilungen ist eine Reduktion der Chromosomenzahl vom diploiden auf den haploiden Satz pro

Geschlechtszelle. Dabei erhält jede Keimzelle von jedem Chromosomenpaar ein Chromosom. Die Mischung und Kombination der Chromosomen aus den verschiedenen Paaren erfolgt zufällig und führt letztlich zu einer zufallsmäßigen genetischen Vielfalt der Keimzellen.

Aus der beschriebenen Verteilung und der jeweiligen Vereinigung der väterlichen und mütterlichen Chromosomen in der Zygote ergeben sich die Mendel-Regeln. Bei den Teilungen kann es zu einer Fehlverteilung der Chromosomen bzw. Chromatiden kommen, die dann in der Zygote zahlenmäßige Chromosomenstörungen ergibt. Weitere Kombinationsmöglichkeiten ergibt das crossing over.

Nach dieser Einführung in den Ablauf der Meiose zum besseren Verständnis ein Einblick in den morphologischen Aufbau der Keimzellen des Menschen (nicht im GK Biologie verlangt).

Entwicklung und Bau des Spermiums

Bis zum Erreichen der Geschlechtsreife sind beim Menschen die Stammspermatogonien gebildet. Die Reifung (Spermatogenese) läuft in mehreren Zellteilungsschritten ab, wobei die Reifeteilungen in den Spermatocyten ablaufen. Nach der 2. Reifeteilung ergibt sich ein Spermium, das in mehrere Teile differenziert ist (siehe Abb. S. 6).
Die Spermien werden vor dem Ausstoßen bewegungsunfähig gehalten, da sie außerordentlich klein und daher arm an Reservestoffen sind.

Bau der Oocyte (siehe S. 6)

Schon kurze Zeit nach der Geburt sind alle Oogonien (ca. 400 000 - 500 000) bei den höheren Säugern einschließlich des Menschen gebildet (Primärfollikel). Bis zur Pubertät entwickelt sich ein Teil dieser Oogonien zu Oocyten I. Mit Eintritt der Pubertät kommt es zur 1. Reifeteilung mit einer ausgedehnten Prophase (Sekundärfollikel - Tertiärfollikel). Beendet wird die 1. Reifeteilung um die Zeit des Follikelsprungs. Die Oocyte I tritt in die 2. Reifeteilung ein. Beim Beginn der Wanderung durch den Oviduki befindet sich die

Aufbau eines reifen Spermiums

- Kopf
  mit Akrosom und Kern mit haploidem Chromosomensatz (Chromosomen extrem kondensiert) (8 - 10 µm)

- Mittelstück
  mit Centriolen und Mitochondrien für die Geißelbewegung (10 - 20 µm)

- Schwanz
  als Geißel
  (40 - 50 µm)

Oocyte II noch in der 2. Reifeteilung, die erst nach der Besamung zu Ende geführt werden kann. Abhängig vom Alter kann es beim Menschen durch die lange Dauer der ersten Reifeteilung relativ häufig zu Fehlverteilungen (non disjunction) kommen. Eine von einer Mucopolysaccharidschicht ("Fertilisin") überzogene Dottermembran (Membrana vitellina) schützt die Oocyte. Die wachsende Oocyte wird durch ein Follikelepithel ernährt, dessen Zellen mit Ausläufern die Dottermembran durchsetzen und Kontakt mit den Microvilli der Oocyten zum Stoffwechselaustausch haben. Sie kann somit die Grundbausteine für ihre eigene Proteinsynthese geliefert bekommen.

Besamung

Bei dem Zusammenspiel zahlreicher Stoffe und Strukturen geht die erste Reaktion vom Spermium aus. Bei der Akrosomenreaktion öffnet sich bei Berührung der Glykokalix der Follikelepithelzellen das Akrosom. Danach fließen die gespeicherten Enzyme (u.a. Trypsin, Lysin, Hyaluronidase) aus und lösen die Kittsubstanz, bzw. die tiefer gelegene Dottermembran auf, so daß das Spermium in den perivitellinen Raum unter der Dottermembran eindringen und Kontakt zur Zellmembran der Oocyte bekommen kann. Es kommt zur Verschmelzung der beiden Zellmembranen und zu einer ergänzenden Phagocytose, so daß (beim Menschen) das gesamte Spermium aufgenommen wird. Weitere Spermien werden durch von der Oocyte abgestoßene Substanzen inaktiviert, wodurch Polyspermie - und somit Polyploidie - verhindert wird.

Befruchtung

Nach der Besamung werden die Reifeteilungen der Oocyte zu Ende geführt. Spermienkern und Eikern vergrößern sich zu sogenannten männlichen bzw. weiblichen Vorkernen, die anschließend eine S-Phase einschalten, bei der wie im normalen Zellzyklus eine Verdoppelung der Chromosomen in je 2 Chromatiden erfolgen muß. Danach erfolgt mit der Vereinigung der Vorkerne die eigentliche Befruchtung, die Eizelle wird zur Zygote. Die Lage der Centriole des Spermiums gibt eine Teilungsebene an. Die väterlichen Mitochondrien werden abgebaut, so daß also ein väterlicher Mitochondrienerbgang nicht vorliegen kann.

MERKE: Die Meiose umfaßt die Gesamtheit der Vorgänge, die zur Reduktion der Chromosomenzahl einer diploiden Zelle zu einer haploiden Geschlechtszelle führen. In der S-Phase werden die Chromosomen verdoppelt. In der anschließenden 1. Reifeteilung wird jeweils ein ganzes Chromosom auf die Tochterzellen verteilt. Die Tochterzellen sind somit haploid. Es schließt sich sofort die 2. Reifeteilung an. Wie bei der normalen Mitose trennen sich die beiden Chromatiden einer jeden Tochterzelle.

1.2 CHROMOSOMENFEHLVERTEILUNG

Während der meiotischen Teilungen kann es zu Chromosomenfehlverteilungen beim Menschen kommen, die relativ häufig sind (mehrere Prozent aller Keimzellen). Es gibt numerische Veränderungen (numerische Chromosomenaberration), die ein Chromosom (in Ausnahmefällen auch mehr als ein Chromosom) zu viel oder zu wenig aufweisen. Wenn diese Keimzellen befruchtet werden, unterscheidet man

Trisomien   bei Zygoten, die ein (oder mehrere) Chromosomen zu viel aufweisen (2n+1) und

Monosomien   bei Zygoten, die ein Chromosom zu wenig haben (2n - 1).

Bei akrozentrischen Chromosomen (Centromer dicht an einem Ende lokalisiert) sind Fehlverteilungen besonders häufig. Das Risiko für das Auftreten von Fehlverteilungen während der Meiose ist sehr vom Alter der Schwangeren abhängig.

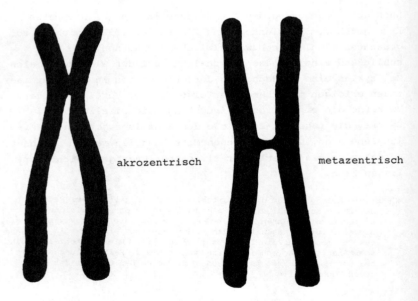

Abb. zu 1.2: akrozentrisches und metazentrisches Chromosom

Speziell steigen die Fehlverteilungen etwa ab dem 35. Lebensjahr der Frau stark an. Chromosomenfehlverteilungen führen in den meisten Fällen zum Absterben der Zygote. So kommt es bei ca. 25 - 35% aller spontanen Fehlgeburten (Aborte) zu einer erkennbaren, meist numerischen Chromosomenaberration. Gerade die Trisomien der Chromosomen 13, 18 und 21 können über die Geburt hinaus überleben und zu charakteristischen "Syndromen" führen. Bei uns relativ am häufigsten (ca. 2:1000) ist dabei die Trisomie 21, die zu dem charakteristischen Bild des Down-Syndroms führt. Es handelt sich um eine Trisomie von Autosomen (vgl. 7.6). Der Mongolismus manifestiert sich in einer geistigen Retardierung, kleinerem Körperwuchs und schräggestellten Lidachsen.
Bei einer 24jährigen Mutter ergibt sich ein statistisches Risiko der Geburt eines Kindes mit Trisomie 21 von 1:2500. Bei einer 40jährigen Mutter beträgt es schon 1:60.

Fehlverteilungen können außer bei den meiotischen Teilungen auch bei den Furchungsteilungen stattfinden. Fehlverteilungen in der frühen Embryonalentwicklung führen häufig zur Bildung von "Mosaiken". Bei einer Zellteilung entstehen zwei Tochterzellen mit einem überzähligen bzw. fehlenden Chromosom. Diese entwickeln sich zu ganzen Zellinien mit dem gleichen Defekt. Der Körper setzt sich dabei also aus Zellstämmen mit verschiedener Chromosomenzahl zusammen.

Trisomien und Monosomien können auch bei den Geschlechtschromosomen X und Y auftreten. Man bezeichnet es hierbei als Fehlverteilung von Gonosomen (vgl. 7.6). Bei 1 - 2% männlichen Neugeborenen liegt ein X-Chromosom zuviel vor (XXY). Klinisch bezeichnet man es als Klinefelter-Syndrom. Die Hoden bleiben klein und infolge der Verkümmerung des samenbildenden Epithels kommt es zur Sterilität. Die sekundären Geschlechtsmerkmale sind leicht reduziert. Die Körpergröße ist überdurchschnittlich.

Eine Monosomie stellt das Turner-Syndrom dar. Hierbei zeigt sich ein Fehlen eines X- oder Y-Chromosoms. Der Karyotyp ist stets XO. Der Phänotyp ist weiblich. Die Häufigkeit liegt bei 1 : 5000.

Klinisch findet sich eine Gonadendysgenesie (= Fehlen der Keimzellen). Die inneren und äußeren Geschlechtsorgane bleiben deshalb auf dem Entwicklungsstand der Präpubertät stehen. Die Pubertät tritt nicht ein (= Sterilität).
Das Turner-Syndrom ist stets mit Kleinwuchs und häufig mit kongenitalen (angeborenen) Mißbildungen vergesellschaftet, z.B. Aortenisthmusstenose, kurzer Hals, Flügelfell, Schildthorax.
Beim Turner-Syndrom kann jedoch auch eine Mosaikbildung als Folge der Chromosomenfehlverteilung auftreten. Diese Mosaiken zeigen den Chromosomensatz XO als auch XX in verschiedenen Zellen.

MERKE: Numerische Chromosomenaberrationen unterscheidet man in Trisomien (z.B. Trisomie 21) und Monosomien (z.B. Turner-Syndrom).

1.3 CHROMOSOMEN ALS KOPPLUNGSGRUPPEN DER GENE

Bei den meisten Tieren ist in jeder Körperzelle der Chromosomensatz diploid vorhanden. Jedes Chromosom, mit Ausnahme der Geschlechts-Chromosomen X und Y des Mannes, liegt also jeweils doppelt in der Zelle vor.

Die Chromosomen sind die Träger der genetischen Information. Die einzelnen Informationen sind jeweils aus kleinen Untereinheiten linear auf der DNA angeordnet. Setzt man die Untereinheiten zusammen, die gemeinsam auf die Ausbildung eines bestimmten Merkmals wirken, so bilden sie eine einzelne Einheit. Man bezeichnet diese Einheit als Gen. Die Gene werden linear miteinander mechanisch zusammengekoppelt. Ein Chromosom stellt also eine solche Kopplungsgruppe von Genen dar.

Anm.: Durch Mutation kommt es zu einer sprunghaften Veränderung eines Gens von einem Zustand in den anderen. Dieser führt zur Ausbildung eines abweichenden Merkmals. Ein Allel ist eine bestimmte Konfiguration (ein bestimmter Zustand) eines Gens. Durch Mutation wird ein Allel in ein anderes Allel überführt.

Bei der Reifeteilung kann es speziell durch <u>crossing over</u> zu einer Unterbrechung der Kopplung kommen. Die Kopplungsgruppen werden getrennt, Chromatidensegmente ausgetauscht, und es führt letztlich zu einer Neukombination der Gene innerhalb eines Chromosoms. Die genetische Rekombination wird dadurch beträchtlich erhöht.

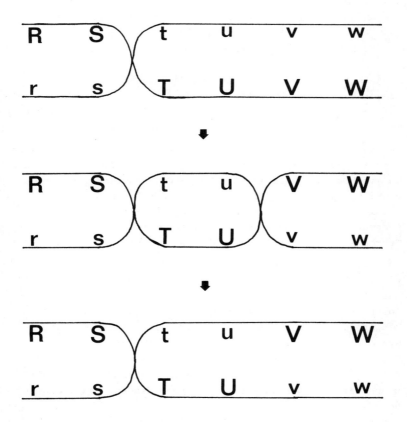

Abb. zu 1.3   Schema: crossing over

1.4 GESCHLECHTS-CHROMOSOMEN UND GESCHLECHTS-ENTWICKLUNG

Bei der Meiose kommt es auch zu einer Trennung der Gonosomen, der Geschlechtschromosomen.
Die Oocyte (Eizelle) enthält beim Menschen jeweils ein X-Chromosom, das Spermium entweder ein X- oder ein Y-Chromosom.
Für die Ausbildung des Geschlechts ist also das Spermium entscheidend:

X-Chromosom des Spermiums + X-Chromosom der Oocyte
→ XX : Frau
Y-Chromosom des Spermiums + X-Chromosom der Oocyte
→ XY : Mann

Die Bestimmung des genotypischen Geschlechts ist für diagnostische Zwecke bedeutend.
Die Untersuchung benötigt man z.B. zur Erkennung eines Turner-Syndroms (XO) oder eines Klinefelter-Syndroms (XXY).

In weiblichen Interphase-Kernen findet man ein Chromatinkörperchen, das in männlichen Zellen nicht vorkommt. Man nennt es Geschlechtschromatin oder Barr-Body. Zu dieser Untersuchung genügt ein Abstrich aus der Mundschleimhaut.
Ebenso findet man in weiblichen segmentkernigen Leukocyten Chromatinverdichtungen in Form von Fortsätzen, die einem Trommelschläger ähneln und daher Drumsticks genannt werden.

Nach einer Hypothese von Mary Lyon handelt es sich dabei um eines der beiden X-Chromosomen der Frau. Dieses X-Chromosom ist bereits in der Embryonalentwicklung zu einem funktionslosen heterochromatischen Körperchen inaktiviert. Daher bleibt es auch während der Interphase in kondensiertem Zustand.
Ein Mann mit einem Barr-Body hat also zwei X-Chromosomen pro Zelle. Es liegt bei ihm ein Klinefelter-Syndrom (XXY) vor.
Eine Frau, bei der man kein Barr-Body findet, zeigt ein Turner-Syndrom (XO).
Das Y-Chromosom ist ebenfalls einfach nachweisbar. Es fällt nach Anfärben mit einem fluoreszierenden Farbstoff durch intensives Leuchten seiner langen Arme auf. Man nennt es F-Body.

1.5 STRUKTURELLE CHROMOSOMENABERRATIONEN

Neben den numerischen Chromosomenaberrationen findet man strukturelle Chromosomenaberrationen. Es kommt hierbei durch bestimmte Umbauvorgänge zu einer Veränderung der Struktur eines einzelnen Chromosoms. Die meisten dieser Embryos sind jedoch nicht lebensfähig. Man findet daher häufiger Kinder mit numerischen Chromosomenaberrationen.
Die Strukturanomalien werden je nach Art des Umbaus in Deletionen, Translokationen, Duplikationen und Inversionen eingeteilt.

Deletionen

Man spricht von einer Deletion, wenn ein Teil eines Chromosoms weggebrochen ist. Deletionen führen häufig zu schweren Mißbildungen und zum Tod der Zygote. Das bekannteste Beispiel ist das cri-du-chat-Syndrom = Katzenschrei-Syndrom. Bei dieser Krankheit fehlt ein Stück des kurzen Armes des Chromosoms Nr. 5. Die meisten Kinder sterben in den ersten Lebenswochen.

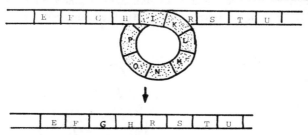

Abb. zu 1.5 Schema zur Entstehung einer Deletion

Translokationen

Wird ein ausgebrochenes Chromosomenstück auf ein anderes Chromosom übertragen, spricht man von einer Translokation. Besonders häufig kommt es zu reziproken Translokationen, bei denen es zu einem Austausch zweier verschiedener Chromosomenstücke kommt.

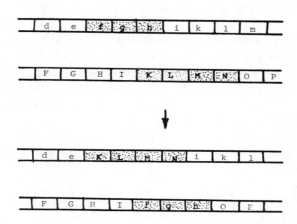

Abb. zu 1.5 Schema: Entstehung einer reziproken Translokation

Bei einer zentrischen Fusion (Robertson'sche Translokation) brechen bei zwei akrozentrischen Chromosomen die kurzen Arme am Centromer ab. Die beiden langen Arme können zu einem Translokationschromosom verschmelzen, die kurzen Arme gehen verloren.

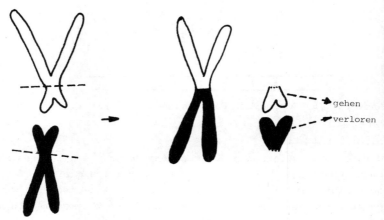

Abb. zu 1.5 Schema: Entstehung einer zentrischen Fusion

Dennoch ist ein normaler Phänotyp möglich, da die Information der kurzen Arme offenbar für die Entwicklung keine Rolle spielt. Bei den nachfolgenden mitotischen Teilungen kann ein "balancierter" Zustand mit normalem Genbestand auftreten, wobei die Träger solch balancierter Translokationen selbst gesund zu sein pflegen, während Träger unbalancierter Translokationen Mißbildungen aufweisen können. Träger balancierter Translokationen jedoch haben häufig Kinder mit unbalanciertem Zustand (z.B. Translokations-Down-Syndrom).

Duplikation

Bei einer anderen Art von Umbauvorgängen kommt es zu Duplikationen, bei denen ein größerer oder kleinerer Teil eines Chromosoms (einer Kopplungsgruppe) im haploiden Genom verdoppelt werden kann. Es tritt also ein bestimmtes Chromosomensegment im haploiden Chromosomensatz doppelt auf.

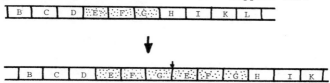

Abb. zu 1.5 Schema: Duplikation

Derartige Duplikationen haben in der Evolution eine große Rolle gespielt (siehe 2.3.3).

1.5.4 Inversion

Wächst ein abgebrochenes Chromosomenstück nach einer Drehung wieder ein, ergibt sich eine Inversion.

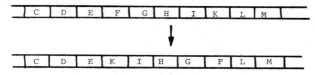

Abb. zu 1.5 Schema: Inversion

MERKE: Strukturelle Chromosomenaberrationen sind Veränderungen eines Chromosoms durch Deletion, Translokation, Duplikation und Inversion.

1.6 MENDELSCHE ERBGÄNGE

Wie in 1.3 erwähnt findet man die Gene auf den Chromosomen lokalisiert. Der Zustand eines Gens kann auf den beiden Chromatiden eine Abweichung beinhalten. Es können verschiedene Allele vorhanden sein.
Homozygot bedeutet, die Allele eines Merkmals sind gleich.
Heterozygot bedeutet, die Allele eines Merkmals sind verschieden.
Aus dem Verhalten der Chromosomen ergeben sich die Mendelschen Gesetze.

1. Mendelsches Gesetz: Uniformitätsgesetz

Kreuzt man zwei Homozygote für verschiedene Allele, so führt dies in der ersten Filialgeneration (F_1) zur Bildung von Heterozygoten, die alle den gleichen (uniformen) Genotypus zeigen, da die homozygoten Eltern in der Meiose nur eine Sorte von Gameten geliefert haben.

Gameten	A	A
a	Aa	Aa
a	Aa	Aa

Genotypen
- der Eltern: AA, aa
- der Kinder: Aa, Aa, Aa, Aa

A - dominantes Merkmal
a - rezessives Merkmal

Abb. zu 1.6   Schema: 1. Mendelsches Gesetz

2. Mendelsches Gesetz: Spaltungsgesetz

Kreuzt man 2 Heterozygote miteinander, liegt als Ergebnis genotypisch ein Aufspaltungsverhältnis von 1:2:1 zwischen den Homozygoten und den Heterogyzoten vor.

Diese Spaltung ergibt sich aus der Trennung der homologen Chromosomen in der Meiose, da die haploiden Gameten nur ein Allel (A oder a) enthalten können.

Gameten	B	b
B	BB	Bb
b	Bb	bb

Genotypen

- der Eltern: Bb, Bb

- der Kinder:
  BB, Bb, Bb, bb
  1 : 2 : 1

B - dominantes Merkmal

b - rezessives Merkmal

Abb. zu 1.6   Schema: 2. Mendelsches Gesetz

Bei der Rückkreuzung eines Heterozygoten mit einem Homozygoten kommt es zu einem Aufspaltungsverhältnis von 1:1.

Gameten	D	D
d	Dd	Dd
D	DD	DD

Genotypen

- der Eltern: DD, Dd

- der Kinder:
  DD, DD, Dd, Dd
  1   :   1

Abb. zu 1.6   Schema: Rückkreuzung eines Homozygoten mit einem Heterozygoten

3. Mendelsches Gesetz: Unabhängigkeitsgesetz

Die Aufspaltung für zwei oder mehrere verschiedene Gene erfolgt unabhängig, wenn sie auf verschiedenen Chromosomen liegen. Da in der Meiose die Chromosomen als Kopplungsgruppen und somit als Ganzes auf die Gameten verteilt werden, können verschiedene Gene auf einem Chromosom nicht unabhängig voneinander kombiniert werden.

Die Aufspaltung erfolgt unabhängig vom Geschlecht, wenn der Genlocus auf einem Autosom gelegen ist. Durch meiotische Vorgänge werden die Mendelschen Aufspaltungsziffern nicht genau erfüllt. Es ergeben sich Abweichungen in Grenzen des Zufalls (statistische Abweichungen).

1.7 KODOMINANTER ERBGANG

Dieser Erbgang tritt bei Haptoglobinen und bei MN-Blutgruppen auf. Besitzt eine Person ein Gen M vom Vater und ein Gen M von der Mutter, so ist sie homozygot. Besäße sie von der Mutter ein Gen N bestünde Heterozygotie (Genotyp MN). Die Wirkung von M oder N kann dominant sein und den Phänotyp bestimmen. Sind jedoch M und N dominant, treten beide Phäne gleichzeitig nebeneinander in Erscheinung. Man bezeichnet dies als Kodominanz.

MERKE: Bei kodominanter Vererbung treten bei Heterozygotie beide Gene phänotypisch nebeneinander auf.

1.8 AUTOSOMAL-DOMINANTER ERBGANG BEIM MENSCHEN

Ein Gen ist dominant, wenn alle Heterozygoten, die dieses Gen besitzen, die phänotypische Auswirkung dieses Gens zeigen. Die Vererbung des ABO-Blutgruppensystems ist ein typisches Beispiel. Ein Träger der Gene A (oder B) und O wird phänotypisch A (oder B) aufweisen, da A (oder B) dominant gegenüber O ist. Ein Träger, der phänotypisch O zeigt, ist reinerbig. Der Phänotyp AB zeigt Kodominanz.

Bei autosomal-dominantem Erbgang eines seltenen Allels - etwa eines menschlichen Erbleidens - ist gewöhnlich ein Elternteil heterozygot für das entsprechende Allel, der andere normalerweise für das wesentlich häufigere Allel homozygot. In diesen Fällen wird unabhängig vom Geschlecht das krankhafte Gen und damit das Merkmal von einem der Eltern auf durchschnittlich die Hälfte der Kinder übertragen.

Gameten	E^*	e
e	E^*e	ee
e	E^*e	ee

Genotypen

- der Eltern:
  E^*e heterozygot krank
  ee   homozygot gesund

- der Kinder:
  E^*e (2x) heterozygot krank
  ee (2x) homozygot gesund

E^* : dominantes Allel für Erbleiden
e   : rezessives Merkmal

Abb. zu 1.8   Schema: Autosomal-dominanter Erbgang für ein Erbleiden

MERKE: Alle heterozygoten Nachkommen eines Merkmalträgers mit dominant erblicher Krankheit zeigen das Merkmal ebenfalls.

Bekannt sind bis heute etwa tausend, meist sehr seltene dominant erbliche Merkmale beim Menschen, die sich meist in mehr oder weniger schweren Mißbildungen und Anomalien äußern (z.B. Brachydaktylie (Kurzfingrigkeit), Spalthände, Nachtblindheit u.a.). Kommen dominante Merkmale einmal ausnahmsweise homozygot vor, pflegen sie wesentlich schwerer ausgeprägt zu sein als in heterozygotem Zustand.

1.9 AUTOSOMAL-REZESSIVER ERBGANG BEIM MENSCHEN

Weist nur der Homozygote das uns interessierende Merkmal - etwa ein Erbleiden - auf, während der Heterozygote sich nicht von dem häufigeren "normalen" Homozygoten unterscheidet, liegt ein autosomal-rezessiver Erbgang vor. Die große Mehrzahl der Homozygoten eines autosomal-rezessiven Allels stammt aus der Verbindung zweier Heterozygoten, die phänotypisch normal (gesund) auftreten.

Dabei kommt es bei den Kindern zu einem Aufspaltungsverhältnis im Genotyp 1:2:1 zwischen normalen Homozygoten (AA), Heterozygoten (Aa) und kranken Homozygoten. Phänotypisch werden also 1/4 der Kinder krank, 3/4 gesund sein. Angesichts der heute vorherrschenden geringen Kinderzahl sind die meisten Träger rezessiver Erbleiden die einzigen Kranken in einer gesunden Familie. Hierbei ist für den Arzt der Risikofaktor von 25% wichtig, auf den er die Familie hinweisen muß.

Auch bei den autosomal-rezessiven Erbleiden sind z.Zt. fast tausend, wenn auch meist sehr seltene, bekannt. Insbesondere folgen Stoffwechselleiden mit bekanntem Enzymdefekt diesem Erbgang.

<u>Phenylketonurie</u>: Fehlen oder starke Aktivitätsminderung der Phenylalanin-Hydroxilase. Es kommt zu Schwachsinn und Beeinträchtigung der körperlichen Entwicklung (Häufigkeit 1:10000).

<u>Mukoviszidose</u>: häufigste angeborene Stoffwechselkrankheit (etwa 1:2000). Viskoseerhöhung der Sekrete exokriner Drüsen. Es kommt zu zystisch-fibröser Umwandlung der befallenen Organe, z.B. Pankreasfibrose, spez. Lungenveränderungen, Verdauungsinsuffizienz, Herzveränderungen.

Gameten	F	f*
F	FF	Ff*
f*	Ff*	f*f*

Genotypen

- der Eltern:
  Ff* (2x) heterozygot
  gesund
- der Kinder:
  FF heterozygot
  gesund
  Ff* (2x) heterozygot
  gesund
  f*f* homozygot
  krank

F : dominantes Merkmal

f*: rezessives Allel für Erbleiden

Abb. zu 1.9   Schema: Autosomal rezessiver Erbgang für ein Erbleiden

MERKE: Tritt ein Gen nur im homozagoten Zustand phänotypisch auf, so handelt es sich um ein rezessives Gen durch einen rezessiv-autosomalen Erbgang.
Beispiel: Stoffwechseldefekte.

1.10   GESCHLECHTSGEBUNDENE ERBGÄNGE BEIM MENSCHEN

Neben der autosomalen Kopplung gibt es auch Erbgänge, die an die Gonosomen gebunden sind. Während für das menschliche Y-Chromosom keine Gene, die zu einem Mendel'schen Erbgang führen, bekannt sind, enthält das X-Chromosom relativ zahlreiche Gene, deren Erbgang dominant oder rezessiv sein kann, wobei der rezessive von größerer Bedeutung ist. Die formalen Merkmale der X-chromosomalen Erbgänge ergeben sich aus dem Mechanismus der Geschlechtsbestimmung. Wichtig ist vor allem, daß sich rezessive Gene im Phänotyp manifestieren, wenn kein homologes Chromosom mit dem entsprechenden Normalallel vorhanden ist. Ein solches nur in einfacher Dosis vorhandenes Gen liegt "hemizygot" vor. Daher erkranken bei einem X-chromosomal rezessiven Erbgang, insbesondere bei seltenen Merkmalen, fast nur die hemizygoten Männer. Eine Übertragung des Leidens erfolgt nur über die gesunden, aber heterozygoten

Töchter und im Durchschnitt über die Hälfte der gesunden Schwestern kranker Männer. Die Hämophilie A (Bluterkrankheit) manifestiert sich in einer verlängerten Gerinnungszeit durch Defekt eines Gerinnungsfaktors.

Die Söhne eines an Hämophilie A erkrankten Mannes sind gesund, sämtliche Töchter jedoch Konkuktorinnen (Überträgerinnen).

Ein weiteres Beispiel ist die Rot-Grün-Blindheit.
Bei X-chromosomal-dominantem Erbgang sind die Töchter erkrankter Männer krank, die Söhne, die das X-Chromosomen von der gesunden Mutter erben, gesund.

Die bekannteste X-chromosomal-dominante Erbkrankheit ist die Vitamin D-resistente Rachitis. Es handelt sich um eine Störung der tubulären Phosphat-Rückresorption. Dadurch entstehen Skeletveränderungen mit Minderwuchs und Beinverkrümmungen.

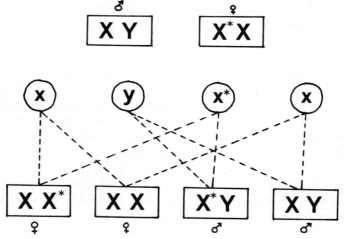

Abb. zu 1.10   Schema: X-chromosomal-rezessiver Erbgang für ein Erbleiden

x* = Chromosom mit rezessivem Allel für ein Erbleiden

1.11 GENE IN DER BEVÖLKERUNG

Mit Hilfe der Formel von Hardy und Weinberg kann man Berechnungen des Zahlenverhältnisses zwischen Homozygoten und Heterozygoten durchführen.

Bei zwei Allelen bezeichnet man die Häufigkeit des dominanten Allels (A) üblicherweise mit p, die des rezessiven Allels (a) mit q. Die Häufigkeiten gibt man in Teilen von 1 an (p + q = 1). Die Genotypen bei einem Genpaar Aa kommen bei Abwesenheit störender Einflüsse in der Bevölkerung im Zahlenverhältnis p^2AA : 2pq AA : q^2aa vor. Somit ist, besonders bei kleinem q, die Häufigkeit der Heterozygoten (2pq) wesentlich höher als die der (z.B. kranken) Homozygoten (q^2)

Da bei Verwandtenehen die Wahrscheinlichkeit eines Zusammentreffens zweier gleicher Gene wesentlich erhöht ist - mehr als bei zufälliger Durchmischung der Bevölkerung - kommt es dazu, daß Eltern von Trägern rezessiver Erbleiden häufiger miteinander verwandt sind (z.B. Vetter und Kusine) als der Durchschnitt der Ehepaare.

1.12 MULTIPLE ALLELIE

Bisher wurden zwei verschiedene Möglichkeiten für die Beschaffenheit eines Genorts angegeben, ein Gen kann in Form von zwei Allelen auftreten. Da ein Gen jedoch aus einer Anzahl von etwa 300 bis 900 verschiedenen Basen besteht, kann es an einer Vielzahl von Stellen mutieren. Ein Gen kann sich daher in einer großen Zahl von multiplen Allelen zeigen. Häufig mutiert es jedoch nur an einer einzigen Stelle.

Die ABO-Blutgruppen des Menschen gehen ebenfalls auf verschiedene Allele eines Gens zurück. Man findet sie in der Form von Blutgruppe A, B, AB und O.
Träger der Blutgruppe A (oder B) können heterozygot als auch homozygot sein, also A/O oder A/A (B/O oder B/B). Träger der Blutgruppe O sind jedoch immer homozygot O/O.

1.14 MULTIFAKTORIELLE VERERBUNG

Normale Merkmale, wie etwa die Körpergröße, bei denen keine Mendel'schen Erbgänge nachweisbar sind, kommen durch das Zusammenwirken sehr vieler Gene zustande. Da bei nahen Verwandten ein bestimmter Teil der Gene übereinstimmt, sind sie in solchen Merkmalen durchschnittlich ähnlicher als nicht verwandte Personen (Begriff der Korrelation). Die Verteilung eines derartigen multifaktoriell bedingten Merkmals zeigt eine kontinuierliche Abstufung in der Ausprägung des Merkmals. Die graphische Darstellung ergibt eine Kurve ähnlich einer Normalverteilung mit einem Maximum.

1.14 MULTIFAKTORIELLE VERERBUNG MIT SCHWELLENWERTEFFEKT

Unter der Disposition versteht man die Empfänglichkeit oder Ansprechbarkeit des Körpers für Krankheiten.

Manche, vor allem auch pathologische Merkmale, gelangen erst dann voll zur Ausprägung, wenn eine bestimmte Anzahl von zugehörigen Genen vorhanden ist. Die genetische Disposition gelangt dann über einen Schwellenwert. Jeder Ausprägung eines Merkmals ist ein gewisser Schwellenwert zugrunde gelegt. Wird dieser durch das Vorhandensein einer bestimmten Anzahl von Genen überschritten, so kommt das Merkmal zur Ausprägung.

Ein solches Merkmal tritt bei nahen Verwandten des Probanden häufiger auf, da jedes Kind durchschnittlich die Hälfte seines genetischen Materials von der Mutter bzw. dem Vater geerbt hat. Neben den genetischen Faktoren spielen hierbei auch die exogenen Faktoren (Umweltfaktoren) eine große Rolle. Die Umgebung des Menschen hat also auch einen entscheidenden Einfluß auf die Ausprägung von Genen.

1.15 MUTATIONEN, ALLGEMEINE GRUNDLAGEN

Die Regel, wonach Chromosomen und mit ihnen die Gene von Generation zu Generation unverändert weitergegeben werden, hat mit den von Zeit zu Zeit auftretenden Erbänderungen (Mutationen) ihre Ausnahmen. Das Auftreten solcher Mutationen erfolgt meist spontan (ohne erkennbaren Grund). Sie lassen sich nach der Art der Veränderung in drei Gruppen einteilen:

numerische Chromosomenmutationen
strukturelle Chromosomenmutationen
Genmutationen

Während man numerische und strukturelle Chromosomenmutationen meist direkt unter dem Mikroskop diagnostizieren kann, ist dies bei Genmutationen nicht möglich. Es gibt Mutationen in den Keimzellen und in den anderen Körperzellen (somatische Mutationen).

Die sich in der Mutationsrate äußernde Häufigkeit der Mutationen kann durch äußere Einflüsse, wie z.B. ionisierende Strahlen und manche chemische Stoffe, erhöht werden.

Etwa jedes 200. Kind, das geboren wird, ist Träger einer numerischen oder strukturellen Chromosomenaberration, die in der Keimzelle eines seiner Eltern neu entstanden ist. Außer für Chromosomenmutation kann man die Mutationsrate für dominante und X-chromosomal-rezessive Genmutationen bestimmen. Dabei liegen die bisher berechneten Mutationsraten für einzelne menschliche Gene (ausschließlich Erbkrankheiten) in der Größenordnung zwischen $1 \times 10^{-4} - 1 \times 10^{-6}$. Bei sehr vielen Genen ist die Mutationsrate noch wesentlich geringer. Spontan auftretende dominante Erbleiden werden sehr selten an nachfolgende Generationen weitergegeben. Dies hängt mit der verringerten Lebenserwartung, den verminderten Heiratschancen und der evtl. Kinderzahl der Betroffenen zusammen. Beachtet werden muß, daß es sich beim Vorkommen eines Kranken in einer sonst gesunden Familie auch um einen genetischen Defekt handeln kann. Auch der Träger einer durch Neumutation entstandenen dominant erblichen Anomalie kann diese im Durchschnitt auf die Hälfte seiner Kinder übertragen.

1.16 SOMATISCHE MUTATIONEN

Somatische Mutationen (Mutationen bei Körperzellen) können unter geeigneten (noch wenig erforschten) Bedingungen zur Bildung von Zellklonen (Zellen des selben Typs) führen, die den normalen Zellen gegenüber einen Selektionsvorteil besitzen.

Nach einer gut bestätigten Hypothese sind sie jedoch auch einer der Wege, auf denen möglicherweise bösartige Tumoren entstehen.

Natürlich finden sich auch somatische Mutationen, die keinerlei Vorteile aufweisen, und zum Absterben des Zellklones führen.

1.17 MUTATIONEN UND FOLGEN IM MOLEKULAREN BEREICH

Genmutationen bewirken in erster Linie Änderungen in der Basensequenz der DNA, wobei der Austausch eines Basenpaares mit einem anderen am häufigsten auftritt. Daneben kann es durch Deletionen auch zum Verlust von Basen kommen. Letztlich kommt es zu einer Änderung im genetischen Code, die auf dem Wege über Transkription und Translation zu einer Änderung in der Aminosäurenfrequenz der zu bildenden Proteine führt, wenn das entstandene Triplett eine andere als die ursprünglich vorgesehene Aminosäure codiert.

1.18 MUTATIONEN, AUSLÖSUNG DURCH IONISIERENDE STRAHLEN

Ionisierende Strahlung ist eine Strahlung, die bei der Einwirkung auf Materie Energie abgibt und dabei Ionen erzeugt. Ionisierende Strahlen wie α-, β-, γ-, Röntgen- oder Neutronen-Strahlungen sind in der Lage, die "spontane" Mutationsrate für alle Mutationsarten zu erhöhen. Dabei entsteht nichts prinzipiell Neues, sondern die Strahlung setzt lediglich die Wahrscheinlichkeit für Mutationen, die auch spontan entstehen können - also die spontane Mutationsrate - herauf. Im wesentlichen ist eine direkte Einwirkung der Strahlung auf die betroffene Zelle erforderlich.

Auch sehr kleine Dosen sind nicht ungefährlich, denn eine einzelne Ionisierung kann einen genetischen Defekt verursachen. Die Strahlendosis, die beim Säuger zu einer Verdoppelung der spontanen Mutationsrate führt, wird bei akuter Bestrahlung auf ca. 50 R, bei chronischer Bestrahlung auf ca. 200 R geschätzt. Neben der künstlichen Bestrahlung werden die Gonaden des Menschen im Laufe einer durchschnittlichen Generationszeit von ca. 30 Jahren auch aus natürlichen Quellen (kosmische Strahlung, Radioaktivität etc.) belastet. Diese Belastung beträgt ca. 3-5 R.

1.19   CHEMISCHE MUTAGENE

Außer durch ionisierende Strahlen kann die Mutationsrate auch durch eine Reihe chemischer Stoffe, besonders durch solche, die leicht mit der DNA reagieren, erhöht werden. Auf dem Gebiet der chemischen Mutagenese liegen Gefahren für die Zukunft, da derartige Stoffe auch als Arzneimittel Anwendung finden (z.B. Cytostatica), und der Markt mit chemischen Stoffen aller Art regelrecht überschwemmt wird.

1.20   GENWIRKUNG, BEZIEHUNG ZWISCHEN GENOTYP UND PHÄNOTYP

1.20.1 Letalfaktoren

Sowohl numerische und strukturelle Chromosomenaberration als auch Genmutationen führen dazu, daß die Zygote vor Erreichung des fortpflanzungsfähigen Alters, in vielen Fällen sogar schon vor der Geburt, abstirbt. Maßgebend dafür sind die sog. Letalfaktoren. Das Absterben der Zygote erfolgt normalerweise in einer für den Letalfaktor charakteristischen Entwicklungsphase, der "kritischen Entwicklungsphase".

In dieser Phase, auch als teratogenetisch sensible Phase bekannt, wirkt sich der genetische Defekt aus. Zu diesem Zeitpunkt müßte zur Weiterentwicklung des Organismus ein bestimmtes Genprodukt hergestellt werden, das durch den Defekt jedoch nicht mehr oder nicht mehr ausreichend synthetisiert wird.

Genetisch definiert man einen Letalfaktor als ein Allel, das homozygot zum Absterben während der Entwicklung führt, während Heterozygoten überleben.

1.20.2 Penetranz

Die Penetranz bezieht sich auf das Vorhandensein oder Nichtvorhandensein eines zu einem Gen gehörigen phänotypischen Auftretens.

Ein Gen hat bei seinem phänotypischen Auftreten eine 100%ige Penetranz. Da die phänotypische Manifestation eines Allels jedoch in manchen Fällen unterdrückt wird, so daß der Genträger phänotypisch gesund zu sein scheint, spricht man von einer unvollständigen Penetranz. Diese Möglichkeit ist besonders bei dominant erblichen Anomalien häufig. Die Folge einer unvollständigen Penetranz kann sich im scheinbaren Überspringen von Generationen und in einer Abweichung der erwarteten Aufspaltungsziffer nach unten äußern.

1.20.3 Expressivität

Expressivität drückt quantitative Unterschiede in der Ausprägung des einem Gen zugeordneten Phäns aus. Auch der Ausprägungsgrad eines Merkmals, das durch ein beispielsweise dominantes Gen hervorgerufen wird, kann von Fall zu Fall schwanken (variable Expressivität).

1.20.4 Pleiotropie

Alle Chromosomenaberrationen, aber auch sehr viele Genmutationen führen nicht nur zu einer einzigen, sondern zu mehreren Veränderungen im Phänotyp des betreffenden Individuums im Sinne eines Syndroms (Pleiotropie). Diese Veränderungen bei Genmutationen lassen sich auf einen "Basisdefekt", im Prinzip also auf eine einzige Ursache, zurückführen. Vielfach ist dieser Defekt noch nicht bekannt.

1.20.5 Heterogenie

Das Auftreten eines phänotypisch einheitlichen oder ähnlichen Bildes bei verschiedenen Personen läßt nicht immer auf eine Mutation des gleichen Genlocus schließen. Solche Krankheitsbilder können genetisch verschiedene Ursachen haben, also Mutationen an verschiedenen Genloci. Man spricht dann von Heterogenie.

1.21 GENE, PROTEINE UND ENZYME BEIM MENSCHEN

1.21.1 Genwirkung

Die Auswirkung eines Gens über die in der Mikrobiologie erarbeiteten Vorgänge (Transkription; Translation vgl. Kap. 7.2) soll am Beispiel des menschlichen Hämoglobins (Hb) erläutert werden:

Die physiologische Wirkung dieses Moleküls beruht darauf, daß es bei hohem Sauerstoffgehalt im Medium Sauerstoff binden und bei niedriger Sauerstoffkonzentration Sauerstoff abgeben kann. Hämoglobin nimmt in der Lunge Sauerstoff auf und gibt ihn in den Geweben ab.

Das Molekül hat ein Molekulargewicht von 68 000. Es besteht aus 4 Peptidketten (2 α-Ketten, 2 β-Ketten) mit je einem Fe^{2+}-haltigen Porphyrinring (Häm), der über Nebenvalenzbindungen O_2 aufnehmen kann.

Um die Aminosäurefrequenz der einzelnen Peptidketten aufrechtzuerhalten, wird zunächst in der Transkription für jede Peptidkette der spezifische Aufbau von der DNA auf die m-RNA übertragen, indem sich zu den Basen der DNA komplementäre Basen zur m-RNA zusammenbauen, wobei je ein Basentriplett eine spezifische Aminosäure codiert. Die anschließend ins Cytoplasma ausgetretene m-RNA heftet sich an die Ribosomen. Dort werden in der Translation die verschiedenen von einem t-RNA-Molekül einzeln gebundenen Aminosäuren gemäß den Code-Tripletts der m-RNA in spezifischen Sequenzen zu den einzelnen Peptidketten verbunden. Genmutationen – beim Hämoglobin insbesondere Punktmutationen – führen zum Einbau falscher Aminosäuren in die Peptidketten. Wird beispielsweise in der β-Kette die Aminosäure Glutaminsäure in Position 6 durch Valin ersetzt, kommt es zu den bekannten Auswirkungen der Sichelzellanämie.
Heterozygote Träger sind meist gesund, da bei ihnen weniger als 50% des Hämoglobins befallen sind. Diese Krankheit, die vorwiegend bei Negern auftritt, zeigt eine erhöhte Resistenz gegen Malaria tropica. Dies bedeutet in Tropenzonen Afrikas einen erheblichen Selektionsvorteil.

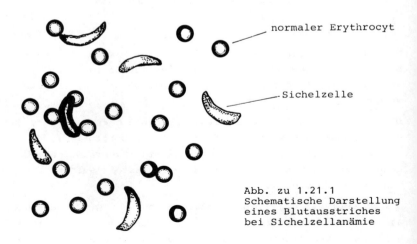

Abb. zu 1.21.1
Schematische Darstellung
eines Blutausstriches
bei Sichelzellanämie

Bei Homozygoten zeigen sich jedoch beträchtliche Organschädigungen, z.B. Hepato-Splenomegalie, Papillennekrosen der Niere, Unterschenkelgeschwüre, Thromboseneigung, verzögerte Entwicklung, Lebenserwartung max. 30 Jahre.

1.21.2 Stoffwechselblock

Zu einem großen Teil wirken die gebildeten Proteine als Enzyme oder Teilkomponenten von Enzymen. Kommt es zu Mutationen, die die Synthese eines bestimmten Enzymproteins überhaupt verändern oder aber so schwer veränderte Enzymproteine entstehen lassen, daß diese die normale Funktion nicht wahrnehmen können, so kommt es in letzteren Fällen zu einem "genetischen Block", durch den bestimmte Stoffwechselschritte, die für die normale Funktion des Organismus notwendig sind, nicht ausgeführt werden können. In diesem Fall häufen sich entweder Metaboliten an, die eigentlich durch das Enzym weiter verändert werden sollten, oder es fehlen Metaboliten, deren Bildung durch das fehlende Enzym katalysiert werden sollte.

Beispielsweise wird bei der Phenylketonurie im Stoffwechsel der aromatischen Aminosäuren durch den genetischen Block - es fehlt Phenylalaninoxidase - verhindert, daß Phenylalanin in Tyrosin umgewandelt werden kann. Bei diesem Vorgang wird Phenylalanin durch Transaminierung als Phenylbrenztraubensäure angehäuft. Klinisch findet man vom 6. Monat an einen fortschreitenden geistigen Entwicklungsrückstand. Der bis zur Pubertät progrediente Hirnschaden führt zu Schwachsinn.

Ein weiteres Beispiel, in diesem Fall für den Mangel eines Stoffwechselzwischenproduktes, ist der Albinismus, der durch den Block zwischen Tyrosin und dem für die Pigmentierung verantwortlichen Melanin entsteht. Es fehlt dabei das aus Tyrosin gebildete 3,4-Dihydroxyphenylalanin. Die Haut der Betroffenen ist weiß und stark sonnenempfindlich, das Haar weiß oder fahlgelb.

Genetische Blocks, bei denen die Enzymfunktionen ganz ausfallen, folgen meist einem rezessiven Erbgang. Von einer Genwirkkette spricht man, wenn genetisch gesteuerte enzymatische Reaktionen in geordneter Folge ablaufen, wobei sich jeweils eine bestimmte Reaktion an die vorhergehende anschließt und in die nächste einmündet (z.B. Harnstoffzyklus, Stoffwechsel aromatischer Aminosäuren).

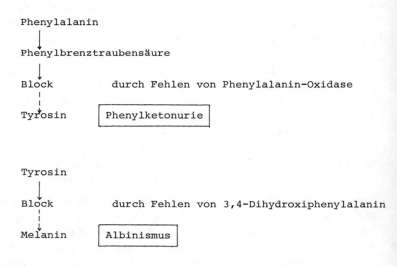

Abb. zu 1.21.2   Schemata zur Phenylketonurie und zum Albinismus

1.21.3 Phänokopie

Unter Phänokopie versteht man nicht vererbbare phänotypische Modifikationen, die durch bestimmte Umwelteinflüsse ausgelöst werden. Sie ahmen einen Phänotyp nach, der durch Genmutationen verursacht ist. Ein Beispiel hierfür ist der <u>Kretinismus</u>. Eine Genwirkkette wird durch den exogenen Mangel an dem notwendigen Metaboliten Jod gestört. Durch Jodmangel kann die jodhaltige Aminosäure Thyroxin in der Schilddrüse nicht ausreichend synthetisiert werden. Es kommt zur Hypertrophie der Schilddrüse, die damit versucht, die zu geringe Thyroxinproduktion zu steigern. Bereits beim Säugling kommt es zu schweren irreversiblen Entwicklungsstörungen, die sich in Idiotie, Zwergwuchs und Taubheit äußern. Beim vorher gesunden Erwachsenen führt Jodmangel zur Kropfbildung.

2. Evolution

2.1 BEGRIFF EVOLUTION

Unter dem Begriff der Evolution (Abstammung) versteht man die erbliche Veränderung von Organisationsmerkmalen.
Die wichtigste, auch heute noch anerkannte, Theorie der Evolution ging von Ch. Darwin im letzten Jahrhundert aus. Darwin erkannte, daß von den in der Natur in großer Zahl vorkommenden Nachkommen tatsächlich nur ein Bruchteil die Fortpflanzungsreife erreicht. Die weniger geeigneten Jungindividuen werden vernichtet und nur die tauglicheren haben eine Chance, ihr Erbgut in die nächste Generation einzubringen. Durch diese Selektion werden sich im Laufe der Zeit nur solche Erbvarianten gegenüber anderen durchsetzen, die ihrem Träger in einem vorhandenen Lebensraum ein besseres Überleben ermöglichen.
Die Evolution zeigt sich also in der Veränderung des Bauplanes von Organismen, der Veränderung ihres Stoffwechsels und ihres Verhaltens.

2.1.1/2.1.2 Artbildung und Artbegriff

Eine <u>Population</u> ist eine Gemeinschaft potentiell inzüchtender Individuen. Kommt es innerhalb einer Population zu einer Ausbildung von genetischen Unterschieden, die so erheblich sind, daß die Individuen von Untergruppen der Population nicht mehr miteinander gekreuzt werden können, oder die Kreuzung nicht mehr zu fruchtbaren Nachkommen führt, so ist eine neue <u>Art</u> entstanden.
Eine Art stellt sich als eine gegen andere Organismen isolierte Fortpflanzungsgemeinschaft dar.
Weniger ausgeprägte genetische Unterschiede führen zur Bildung von Rassen innerhalb einer Art. Deren Individuen sind

noch untereinander kreuzbar und ergeben fruchtbare Nachkommen.
Der Mensch (homo sapiens) stellt eine Art dar, die jedoch in
mehrere Rassen unterteilt ist.

2.2 FAKTOREN DER EVOLUTION

2.2.1 Mutation

Die Mutation stellt eine ungerichtete Veränderung des Erbgutes durch meist äußere Einflüsse dar. Es kommt zu zufälligen Veränderungen in der DNA eines Gens. Es kann also zu Veränderungen der Morphologie, der biochemischen oder physiologischen Vorgänge oder des Verhaltens führen. Da es sich aber um eine zufällige Veränderung handelt, wird es sich erst am entwickelten Organismus zeigen, ob die Mutation etwaige Verbesserungen beinhaltet. Die Mutation stellt daher die Voraussetzung für alle nachfolgenden Evolutionsfaktoren dar (vgl. 1.15 - 1.19).

Anm.: Man unterscheidet neutrale von nicht neutralen Mutationen. Neutrale Mutationen haben (im Gegensatz zu nicht neutralen Mutationen) kaum faßbare Veränderungen zur Folge.

2.2.2 Selektion

Die Selektion (natürliche Auslese) spielt die entscheidende Rolle als Evolutionsfaktor, indem sie über das Überleben und die Verbreitung von Mutationen entscheidet. Sie bestimmt jedoch nur bei nicht neutralen Mutationen, d.h. bei Mutationen, die eine sichtbare Veränderung mit sich bringen. Die Selektion drängt untaugliche Mutanten und Genkombinationen zurück und fördert solche Mutationen, die ein besseres Überleben gewährleisten. Der Selektionseffekt ist natürlich abhängig von der zeitlichen Generationsfolge und der Zahl der Nachkommen.

Beim Menschen kommt es heute zu einer weitgehenden Aufhebung von Selektionsvorteilen, die bedingt ist durch Vorteile beim Nahrungserwerb, bei der Fortpflanzung und das Überleben bei der Verfolgung durch natürliche Feinde.

2.2.3 Isolation

Die Voraussetzung für die Bildung von Arten und Rassen stellt die Isolation dar. Man unterscheidet in eine geographische, ökologische, fortpflanzungsbiologische und genetische Isolation. Durch die Besiedelung verschiedener Gebiete und Biotope (siehe 5.1) kommt es jeweils zur Selektion verschiedener Merkmale und somit zur Ausbildung von Rassen.

2.3 FOLGEN DER EVOLUTION AM GENETISCHEN MATERIAL (CHROMOSOMEN)

2.3.1 DNA-Gehalt

Im Laufe der Evolution ist es zu sehr erheblichen Umbauvorgängen innerhalb des genetischen Materials gekommen. Im ganzen haben diese Umbauvorgänge zu einer sehr bedeutenden Vermehrung des genetischen Materials geführt. Ein niedriger Organismus wie das Escherichia Coli Bakterium enthält $4,5 \times 10^{-15}$ g DNA (haploides Genom). Die diploide Zelle des Menschen enthält dagegen $6-7 \times 10^{-12}$ g DNA, also ca. 1500 Mal mehr!

2.3.2 Ursachen für erhöhten DNA-Gehalt bei Vielzellern

Diese bedeutende Vermehrung begründet sich hauptsächlich auf Duplikationen von Genen. Die Gene für t-RNA und r-RNA sind bei Vielzellern redundant. Sie sind im Chromosomensatz vielfach vorhanden. Weiter findet man zwischen einzelnen Genen bestimmte Basensequenzen, die als trennende Elemente eingeschoben sind. Es handelt sich um repetitive DNA, die keine Information in sich trägt.

Im Laufe der Entwicklung innerhalb der Säugetierreihe ist es jedoch nicht mehr zu einer ins Gewicht fallenden DNA-Vermehrung gekommen. In Zahl und Gestalt finden sich aber sehr erhebliche Unterschiede zwischen den Chromosomen verschiedener

Säugetiere. Bei Säugetierarten, die sehr viele Chromosomen besitzen, sind die Chromosomen meist akrozentrisch. Arten mit relativ wenigen Chromosomen weisen metazentrische Chromosomen auf.

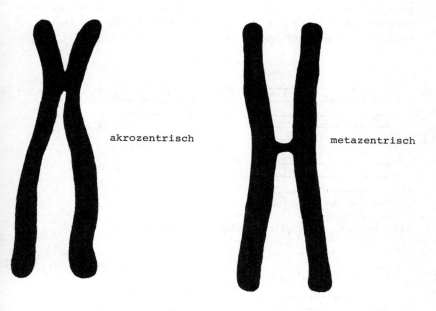

Abb. zu 2.3   akrozentrisches und metazentrisches Chromosom

2.3.3 Strukturelle Chromosomenaberrationen

Es haben also Chromosomenstrukturveränderungen stattgefunden, die die Grundlage für die Entstehung neuer Chromosomenformen und Chromosomenzahlen darstellen.

Zu derartigen Veränderungen führen Duplikationen, Translokationen, Inversionen, ungleiches crossing over, centric fusion. Bei der centric fusion (oder Robertson'sche Translokation) kommt es durch die Vereinigung zweier akrozentrischer Chromo-

somen zur Verminderung der Chromosomenzahl. Es entsteht ein
metazentrisches Chromosom (siehe 1.5). Der DNA-Gehalt hat
sich dadurch jedoch nicht geändert. Man spricht von einer
centric fusion jedoch nur dann, wenn es sich bei der Vereinigung um zwei verschiedene, nicht homologe Chromosomen handelt.
Beim Menschen kennt man die Translokation 21/22 und 21/15
(seltene Ursache für Mongolismus).

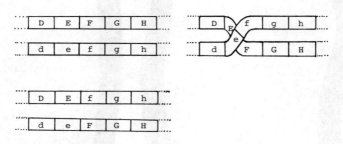

Abb. zu 2.3   Schema: homologes crossing over

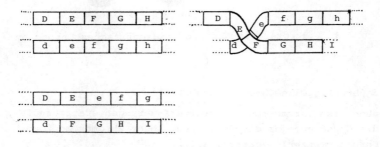

Abb. zu 2.3   Schema: nicht-homologes crossing over

Vereinigen sich zwei homologe akrozentrische Chromosomen, so entsteht ein Isochromosom (beim Menschen: Isochromosom 21).

Bedeutend für den strukturellen Umbau von Molekülen sind Verdoppelungen (Duplikationen) von Genen. Solche Duplikationen entstehen durch ungleiches (nicht homologes) crossing over. Normalerweise vollzieht sich crossing over so, daß nur homologe Gene ausgetauscht werden. In seltenen Fällen kommt es jedoch zu einem nicht homologen Austausch. Der eine DNA-Strang wird dadurch verlängert bzw. verkürzt. Bestimmte Gene werden auf dem einen Strang verdoppelt, auf dem anderen fehlen sie.

Die Produkte einer solchen Genverdoppelung können sich späterhin in verschiedenen Richtungen entwickeln und auch verschiedene Funktionen übernehmen.

2.3.4 Fortpflanzungsisolation (sexuelle Isolation)

Die oben angesprochenen strukturellen Chromosomenaberrationen führen zur Entstehung neuer Chromosomenformen und Chromosomenzahlen. Eizellen und Spermazellen, die verschiedenes Chromosomenmaterial aufweisen, verschmelzen nicht mehr miteinander oder beinhalten einen Letalfaktor. Kommt dies innerhalb einer Art vor, so kann das neu entstandene Individuum nicht mehr mit anderen Individuen der Art gekreuzt werden. Das neue Individuum ist sexuell von der Art isoliert. Es kann mit Individuen, die dieselben Chromosomenveränderungen aufweisen, eine neue Art bilden.

MERKE: Die Evolution zeigt sich in der Veränderung des Bauplanes von Organismen, der Veränderung ihres Stoffwechsels und ihres Verhaltens.
Die Veränderungen entstehen durch Mutation, Selektion und Isolation. Es kommt zur Bildung von Arten, die eine isolierte Fortpflanzungsgemeinschaft darstellen. An den Chromosomen kommt es zu einer Vermehrung der DNA und zu strukturellen Chromosomenaberrationen.

2.4 FOLGEN DER EVOLUTION IM AUFBAU DES HÄMOGLOBINS

Das Hämoglobin ist ein Beispiel für eine Genverdoppelung mit anschließender Auseinanderentwicklung der Verdoppelungsprodukte.

Die Stammesgeschichte der Hämoglobin-Gene läßt sich aus den Vergleichen der Aminosäuresequenzen bei verschiedenen Arten recht genau rekonstruieren. Einfach gebaute Tiere besitzen ein einfach aufgebautes Hämoglobinmolekül. Beim hochentwikkelten Schimpansen findet man eine mit dem Menschen identische Zusammensetzung der α- und β-Ketten. Man kann damit die Evolutionsgeschwindigkeit bestimmen. Das erste Gen, das ein einfaches Hämoglobinmolekül codiert, existierte erstmals vor etwa 800 Millionen Jahren.

Bei den Vorfahren der heute lebenden Wirbeltiere entstand aus einem ursprünglichen Gen einerseits ein Gen für Myoglobin, zum anderen ein Gen für ein einfaches Hämoglobin-Molekül, welches aus einer einzigen Polypeptidkette besteht. Aus diesem einzigen Gen sind durch Duplikation Gene für die α, β, γ und σ -Ketten des menschlichen Hämoglobins entstanden. Die α, β, γ und σ-Ketten weisen eine sehr starke Ähnlichkeit auf. Durch Punktmutationen und Deletionen haben diese Gene jeweils eine eigene Basensequenz aufgebaut. Der tetramere Molekülaufbau bringt den Vorteil, daß dadurch viermal so viel O_2 an ein Hämoglobinmolekül gebunden werden kann.

Wie beim Hämoglobin findet man auch bei Enzymen multiple Formen, die zwar die gleichen katalytischen Aktivitäten besitzen (verschiedene Enzyme katalysieren eine bestimmte Reaktion), aber in ihrer primären Proteinstruktur Unterschiede aufweisen. Man bezeichnet sie als Isozyme oder Isoenzyme.

Die Isozyme sind durch Duplikationen von Genen und nachfolgende Mutationen in ihrer Primärstruktur verändert worden. Die spezifische Wirkungsweise wurde dadurch jedoch nicht verändert.

Ein Beispiel hierfür ist die Lactatdehydrogenase (LDH). Man findet hiervon 5 verschiedene Formen, die durch Elektrophore-

se voneinander getrennt werden können. Es gibt 2 genetische Untereinheiten A und B.
Die 5 Kombinationen setzen sich folgendermaßen daraus zusammen: A_4; A_3B; A_2B_2; AB_3; B_4. Das Enzymmolekül setzt sich aus jeweils 4 Untereinheiten zusammen.

2.5 EVOLUTION EINES ORGANSYSTEMS AM BEISPIEL DES BLUTKREISLAUFS BEI VERTEBRATEN

2.5.1 Herz und Kiemenregion

Aufgabe des Herzens ist der Transport des Blutes im Blutgefäßsystem. Es stellt somit eine Pumpe aus Muskelgewebe dar und besteht aus einem besonderen Typ von quergestreifter Muskulatur. Da es möglichst gleichzeitig kontrahieren muß, findet man sog. Glanzstreifen, die einen geringen elektrischen Widerstand besitzen und somit eine nahezu gleichmäßige und gleichzeitige Verteilung des elektrischen Impulses über das gesamte Herz ermöglichen. Die notwendige Erregung wird durch ein herzeigenes System, das myogene Schrittmachersystem, selbst erzeugt.

Beim ursprünglichen Herz handelt es sich nur um einen schlauchförmigen Gefäßabschnitt, der von einer Muskelwand umgeben wird und morphologisch und funktionell in vier Untereinheiten gegliedert wird:
Das venöse Blut, das aus dem Körperkreislauf zurückfließt, wird im dünnwandigen Sinus venosus gesammelt. Von hier fließt es in ein zweikammeriges Herz, das aus einem Atrium (Vorhof) und einem Ventrikel (Herzkammer) besteht. Der Rücklauf des Blutes wird durch Herzklappen verhindert. Unter hohem Druck wird das Blut in eine trichterförmige Verengung, den Conus (Bulbus) arteriosus, gepumpt. Von der darauffolgenden ventralen Aorta gehen nach beiden Seiten 6 Aortenbögen als Kiemenarterien ab. Dorsal wird das nun sauerstoffreiche Blut der Kiemenarterien von je einer rechten und linken Aortenwurzel gesammelt und der dorsalen Aorta zugeführt, von wo es zur Versorgung der Organe weitergeleitet wird.

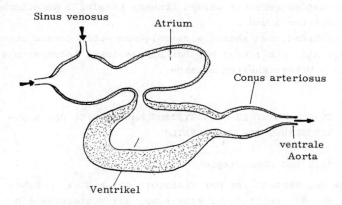

Abb. zu 2.5.1 Querschnitt durch das Fisch-Herz

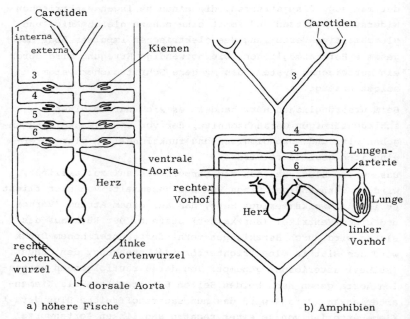

a) höhere Fische   b) Amphibien

Abb. zu 2.5.2 Entwicklung des Herzens und der Kiemenbogenarterien

Diesen Aufbau des Herzschlauches und der 6 Aortenbögen findet man in der Ontogenese (Entwicklungsprozeß eines Organismus von der Zygote bis zum Tod) sämtlicher Vertebraten während der Embryonalentwicklung.

Die beiden ersten Bogen werden zurückgebildet und dienen als interne Carotiden der Blutversorgung des Kopfes.
Beim Übergang zur Lungenatmung (Reptilien, Vögel, Säuger) werden auch die anderen Bogen in ihrer Funktion geändert. Bogen 3 versorgt die Carotiden, Bogen 4 wird zur Aorta, Bogen 5 wird zum Rudiment,und Bogen 6 wird zur Lungenarterie (Arteria pulmonalis). Damit sind die Kiemenbögen 3 (Carotidenbogen), 4 (Aortenbogen) und 6 (Pulmonarbogen) voneinander getrennt.

2.5.2 Doppelkreislauf bei Entstehung der Lungenatmung

Durch den Abbau der Kiemenatmung und die Umstellung auf rhythmische Lungenatmung kommt es zur Ausbildung eines Doppelkreislaufes. Einerseits dem Körperkreislauf, zum anderen dem Lungenkreislauf. Durch diese Veränderung erfährt auch das Herz eine Weitergestaltung. Bei den Amphibien kommt es zur Trennung des Atriums in einen rechten und einen linken Vorhof. Der rechte Vorhof erhält sein Blut durch die Körpervenen vom Sinus venosus. Der linke Vorhof erhält sein Blut von den Lungen durch die Lungenvenen. Der Ventrikel ist noch ungeteilt.

In diesem dreikammerigen Herzen sorgen Hydrodynamik und Klappenventile dafür, daß das oxigenierte Blut vom desoxigenierten einigermaßen unvermischt bleibt.
Das sauerstoffreichste Blut geht durch die ventrale Aorta in den dritten Kiemenbogen über die Arteria carotis interna zum Kopf; das sauerstoffärmste Blut strömt durch den Pulmonarbogen (Kiemenbogen 6) der Lunge zu.

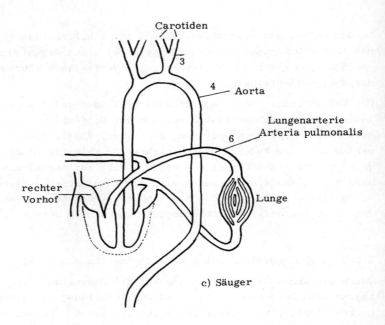

Abb. zu 2.5.2

2.5.3 Umformung des Herzens

Der nächste Evolutionsschritt ist die Ausbildung eines Ventrikelseptums zur vollständigen Trennung von Lungen- und Körperkreislauf. Der rechte Ventrikel erhält das desoxigenierte Blut aus den Körpervenen über den rechten Vorhof, in den mittlerweile der Sinus venosus einbezogen ist. Nach dem Durchfließen des Lungenkreislaufes erreicht das oxigenierte Blut den linken Vorhof und wird vom linken Ventrikel in den Körperkreislauf gepumpt.

Bei Vögeln und Säugern rudimentiert einer der beiden Bogen 4 (Aortenbogen); Vögel behalten den rechten, Säuger den linken. Der verbleibende Bogen verbindet sich mit der Aorta descendens.

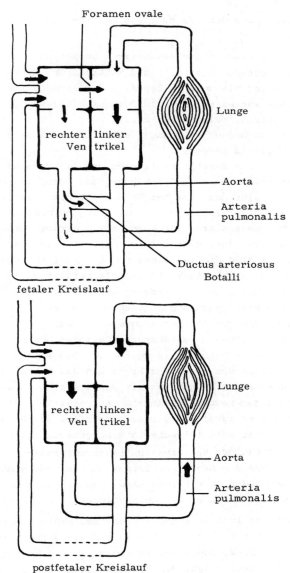

Abb. zu 2.5.3 Kreislaufschema: Säuger

2.5.4 Konsequenzen der Trennung von Lungen- und Körperkreislauf

Die eigentliche Pumpwirkung des Herzens beruht auf der rhythmischen Erschlaffung (Diastole) und Kontraktion (Systole) der Ventrikel. In der Diastole füllen sich die Kammern mit Blut, in der Systole werfen sie es in die angeschlossenen großen Arterien (Aorta, A. pulmonalis) aus.
Die Koordination dieser Bewegungen wird durch das myogene Schrittmachersystem geregelt.
Der Anstoß zu einer Herztätigkeit geht vom Sinusknoten aus, der im rechten Vorhof an der Einmündung der Vena cava superior liegt. Er treibt das Herz bei Körperruhe mit einer Frequenz von ca. 70 Impulsen/min an. Die Erregung breitet sich über die Arbeitsmuskulatur der Vorhöfe zum Atrioventricularknoten (AV-Knoten) aus. Hier erfolgt eine Verzögerung, die verhindert, daß sich die Ventrikel bereits kontrahieren, während sie noch durch die Vorhofsystole gefüllt werden. Anschließend breitet sich die Erregung über die Ventrikelmuskulatur aus, die eine synchrone Kontraktion beider Ventrikel auslöst. Die Steuerung der Herzfrequenz und des Füllungszustandes wird bei Säugern von mehreren Faktoren beeinflußt und über das vegetative Nervensystem geregelt. Die efferenten vegetativen Herznerven des Sympathicus und des N. vagus verbinden das Herz als Erfolgsorgan mit den kreislaufregulierenden Zentren in der Medulla oblongata und vermitteln die Anpassung der Herztätigkeit an die Erfordernisse des Gesamtkreislaufs. So ist beispielsweise die Lungenventilation ein entscheidender Faktor. Bei erhöhtem Sauerstoffbedarf muß eine größere Blutmenge die Lunge passieren, um mit Sauerstoff angereichert zu werden. Die Folgen sind eine Erhöhung der Herzfrequenz und eine Zunahme des Schlagvolumens.

Durch die Unterteilung in einen Körper- und einen Lungenkreislauf findet man auch in den beiden Kreisläufen Unterschiede im Blutdruck. Schon die morphologische Betrachtung der beiden Ventrikel zeigt, daß die Muskulaturstärke des rechten Ventrikels nur etwa 1/3 gegenüber der des linken Ventrikels ausmacht. Sie ist ein Ausdruck der Anpassung des Herzens an die unterschiedliche Belastung der Ventrikel. Zum Niederdrucksystem zählt man die venösen Abschnitte des Körpergefäßsystems, das rechte Herz, den Lungenkreislauf, den linken Vorhof und den linken Ventrikel während der Diastole. Zum Hochdrucksystem rechnet man den linken Ventrikel während der Systole und die Arterien des Körperkreislaufes.

Tabelle: Mittlere Drucke im Körpergefäßsystem des Menschen in mm/Hg

Aorta	100
kleine Arterien	95
sehr kleine Arterien	80 - 70
Arteriolen	70 - 35
Capillaren	
arterielles Ende	35 - 30
Mitte	25 - 20
venöses Ende	20 - 15
sehr kleine Venen	20 - 10
kleine bis mittlere Venen	15
große Venen	und
Vv. cavae	weniger

MERKE: Die Evolution des Blutkreislaufes stellt insgesamt gesehen die Möglichkeit zur Entwicklung von größeren Landtieren dar. Erst durch eine vollständige Trennung in ein vierkammeriges Herz wird eine verbesserte Sauerstoffversorgung von Muskeln und Organen möglich, was sich als positiver Selektionsfaktor erwiesen hat und zu einem erheblichen Anstieg der Leistungsfähigkeit bei homoiothermen Tieren geführt hat.

2.5.5 Abwandlung der ursprünglichen Anlagen durch neue Merkmale

Bedingt durch die besondere Art der Embryonalentwicklung bei den Säugern muß ein besonderer Gasstoffwechsel eingeführt werden. Das Embryo schwimmt im Fruchtwasser und ist im ganzen von einer Eihülle (Amnion) umgeben. Es muß daher ein zusätzlicher embryonaler Kreislauf für den Gasstoffwechsel entwickelt werden. Der Gasaustausch findet in der Placenta statt. Das embryonale Blut gelangt über die beiden Aa. umbilicales (aus den Aa. iliacae internae) in die Placenta. Hier kommt es zum Austausch von O_2, CO_2 und Stoffwechselprodukten. Das sauerstoffreiche Blut gelangt in der Vena umbilicalis unter die Leber, durchfließt diese zum geringen Teil, während der grössere Teil über einen 1. Kreuzschlußweg dem Ductus venosus (Arantii) an der Leber vorbei zur Vena cava inferior und zum rechten Vorhof transportiert wird. Hier wird es an die Vorhofscheidewand geleitet und fließt durch einen 2. Kurzschlußweg, eine Perforation der Scheidewand, das Foramen ovale, in den linken Vorhof. Über den linken Ventrikel und die Aorta gelangt das Blut in den Körper und über die Aa. umbilicales zur Placenta. Das aus Kopf und Armen über die Vena cava superior in den rechten Vorhof fließende Blut kreuzt vor dem aus der Vena cava inferior kommenden Blutstrom und gelangt in den rechten Ventrikel. Es fließt über den Truncus pulmonalis und einen 3. Kurzschlußweg, den Ductus arteriosus (Botalli) direkt in die Aorta. Die noch nicht entfalteten und somit funktionslosen Lungen werden nur gering durchblutet.

Mit der Geburt kommt die Umstellung zum postfetalen Kreislauf. Die Lungen werden entfaltet, Es kommt zum Verschluß des Foramen ovale, des Ductus arteriosus (Botalli) und der Nabelgefäße. (siehe Abb. S. 45).

3. Morphologie und Physiologie der ein- und mehrzelligen Organismen

3.1 ZELLBEWEGUNG

Im Tierreich läßt sich eine Unterscheidung in drei Bewegungsarten treffen: die amöboide Zellbewegung, die Zellbewegung mittels Cilien und die Bewegung eines größeren Organismus mit Hilfe von Muskeln.

3.1.1 Amöboide Zellbewegung

Bei der Amöbe handelt es sich um ein einfach gebautes einzelliges Tier. Das Tier bewegt sich fort, indem es seine Gestalt verändert und "Scheinfüßchen", Pseudopodien, ausbildet. Diese Pseudopodien sind Plasmafortsätze.
Die Amöbe besitzt einen festen Gel-Mantel (Ektoplasma), der sie umgibt. Im Inneren liegt das Cytoplasma in einem flüssigen Sol-Zustand (Entoplasma) vor. Im Ektoplasma findet man ein weitreichendes Netz von kontraktilen Elementen. Man bezeichnet sie als Filamente. Durch Kontraktion der Filamente (die aus Aktin und Myosin bestehen) ist eine Bewegung des Tieres möglich. Diese Kontraktion der Filamente wird durch Spaltung von Adenosintriphosphat (ATP) erreicht, es kommt dann zu einer Verkürzung der einzelnen Filamente und somit zu einer Veränderung des Gel-Mantels und der Gestalt. (Diese Bewegung entspricht prinzipiell der Kontraktionsbewegung der Aktin- und Myosin-Filamente in einer Muskelzelle.) Durch lokale Regulation der Kontraktion wird das Cytoplasma (flüssiger Sol-Zustand) in eine bestimmte Richtung gedrückt. Bei dem erfolgten Vorfließen des Cytoplasmas wird die hintere Zellmembran (das Ektoplasma) ebenfalls mit nach vorn geschoben.

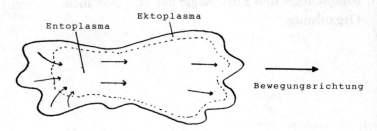

Abb. zu 3.1.1 Bewegung einer Amöbe
Die Pfeile zeigen die Strömungsrichtung des Entoplasmas

Leukocyten und Makrophagen bewegen sich in der gleichen Weise. Embryonale Zellen führen Bewegungen auf dieser Grundlage (Richtungskriechen, Formveränderung) beim Aufbau von Gewebskomplexen ebenfalls durch.

Auch wird bei der Zellteilung die Zerschnürung des Cytoplasmas mit dem gleichen System aus Aktin- und Myosin-Filamenten vorgenommen.

Alle Zellen aktivieren die Gene zum Aufbau von Aktin und Myosin kurzzeitig. Nur Muskelzellen nehmen bei ihrer Differenzierung die dauernde und intensive Aktivierung dieser Gene vor.

3.2 GEWEBSENTSTEHUNG UND ZELLDIFFERENZIERUNG

Um eine Gewebsentstehung zu ermöglichen, sind drei Grundvoraussetzungen erforderlich: die Zellbewegung, der Zellkontakt und die mitotische Aktivität. Erst wenn diese Voraussetzungen erfüllt sind, kann es zu einem Zusammenschluß gleichartiger Zellen kommen, die einen Zellverband bilden und dessen Wachstum ermöglichen.

Innerhalb eines solchen Zellverbandes kommt es durch die unterschiedliche Genaktivität zu Differenzierungen einzelner Zellen. Es handelt sich bei Zelldifferenzierungen um stabile

Funktionszustände (Zellphänotyp) der Zellen ohne Veränderung des Genbestandes. Durch die Differenzierung entstehen also in einem Zellverband verschiedene Gewebetypen.

Damit speziell differenzierte Zellen koordinierend arbeiten können, wird eine Kontaktzone zwischen ihnen geschaffen. Diese Kontaktzone (Desmosom) ermöglicht Stoffaustausch und Kommunikation.

Die Differenzierung kann soweit gehen, daß gleichartige Zellen miteinander verschmelzen, um extreme Leistungen zu vollbringen. Einen solchen verschmolzenen Verband nennt man Syncytium (z.B. quergestreifte Muskelzellen).

Für die Versorgung eines solchen Systems von verschiedenartigen Geweben ist ein geschlossenes Kreislaufsystem notwendig, durch das ein ständiger Flüssigkeitsstrom von konstanter Zusammensetzung zirkuliert (Homöostase). Die einzelnen Zellen werden vom Kreislaufsystem aus über die Interzellularräume mit Nährstoffen, Regulationsstoffen (z.B. Hormone) und Ionen versorgt.

3.3 REGENERATION

Im Gegensatz zum Einzeller tritt bei einem Vielzeller der Zelltod auf, d.h. die einzelne Zelle besitzt nur eine begrenzte Lebensdauer. Um nun ein Organ leistungsfähig zu erhalten oder ein verlorengegangenes Organ zu ersetzen, ist ein Prozeß nötig, den man als Regeneration bezeichnet. Der Zellersatz, die physiologische Regeneration, erfolgt nicht durch Zellteilung von anderen spezifischen Zellen, sondern durch den Einbau von embryonalen Stammzellen, die noch nicht differenziert sind. Bei der Teilung einer einzelnen Stammzelle entsteht eine differenzierte Zelle und wiederum eine Stammzelle.

Man findet häufig einen Zusammenschluß von Stammzellen zu
Zellgruppen oder Zellschichten, den man als **Blastem** bezeichnet Am bedeutendsten sind die Stammzellen des Blutes und die
der Keimschicht von Epithelien.
Ein Ersetzen von alternden Zellen ist jedoch nicht in jedem
Organ möglich. Bei Nervenzellen, Herz- und Skelettmuskelzellen ist keine Regeneration möglich.

Bedingt durch den irreparablen Tod bestimmter Zellgruppen
muß man eine Begrenzung der Lebenserwartung bei Vielzellern
einräumen, die jedoch artspezifisch ist.

Es gibt einige Theorien über die Ursachen des Alterns. Die
Mutationstheorie besagt, daß sich im Laufe der Zeit somatische Mutationen anhäufen, die die Zelle veranlassen, veränderte Proteine zu synthetisieren, die ab einer gewissen Menge
die Zelle schädigen und ihren eigenen Tod veranlassen.

3.4 FUNKTIONALE VERÄNDERUNGEN

3.4.1 Hypertrophie

Durch die verstärkte Funktionsbelastung eines Organs kommt
es in der Folge zu einer Massenzunahme des spezifischen Organs. Die einzelnen Zellen besitzen eine gewisse genetische
Variabilität, die es ihnen ermöglicht, sich selbst den Anforderungen entsprechend zu vergrößern. Die Hypertrophie ist
demnach eine Vermehrung ihrer Funktionsstrukturen. Ein Beispiel hierfür ist die Muskelhypertrophie, die bei Sportlern
auftritt.

Eine weitere Möglichkeit zur Vergrößerung eines Organs stellt
die **Hyperplasie** dar. Es handelt sich hierbei um eine Massenzunahme durch Zellvermehrung. Wird der Sauerstoffgehalt der
Luft vermindert, kommt es zu einer Vermehrung der Erythrocyten (und dadurch zu einer Vermehrung der Sauerstoffaufnahme im Blut).

3.4.2 Atrophie

Eine verminderte Funktionsbelastung ist der Auslöser einer Massenabnahme eines Organs. Man unterscheidet eine einfache Atrophie und eine zelluläre Atrophie.

Die einfache Atrophie ist eine Massenabnahme durch Verkleinerung von Zellen, also eine Verminderung ihrer Funktionsstrukturen.
Ein Beispiel ist die Muskelatrophie.

Bei der zellulären Atrophie handelt es sich um eine Massenabnahme durch mangelnden Zellersatz, wie bei der Knochenmarksatrophie oder der Altersatrophie.

Hypertrophie und Atrophie stellen nur eine Veränderung der Zellgröße dar, die sich den jeweiligen Umständen anpaßt, ohne daß sich hierbei Änderungen des Phänotyps einer Zelle zeigen.

3.4.3 Metaplasie

Bei der Metaplasie hingegen kommt es durch inadäquate Reizung von Geweben zu einer Änderung des Phänotyps dieser Zellen. So wird bei starken Rauchern das normalerweise vorhandene Zylinderepithel der Bronchien durch Plattenepithel ersetzt.

3.5 ENTWICKLUNG DES BEWEGUNGSAPPARATES DER VERTEBRATEN

3.5.1 Segmentaler Aufbau der Leibeswand

Bei Tierstämmen wie den Annelida (Ringelwürmern) ist der Körper in nahezu gleich aufgebaute Segmente (Abschnitte) aufgeteilt. Bei den Würmern kann man dies besonders deutlich erkennen. Diese Segmentierung wird Metamerie genannt.

Eine Metamerie findet sich beim Menschen bei den Muskeln der Leibeswand, den Wirbeln, den Rippen und bei großen Teiles des Nervensystems. Diese Muskeln entstehen aus Teilen des

Mesoderms, dem 3. Keimblatt. Das Mesoderm spaltet sich in hintereinandergelegene Teilabschnitte auf, die man Myotome nennt. Während der weiteren Entwicklung verschmelzen die Myotome miteinander und werden anschließend Myomere genannt. Eine Ausnahme bildet die Intercostalmuskulatur.

Die Wirbel entstehen aus Anteilen von zwei hintereinanderliegenden Myotomen. Sie entstehen intersegmental und bieten daher funktionell wichtige Muskelansatzstellen. Die Körperwand erhält durch die von den Brustwirbeln ausgehenden Rippen eine segmentale Versteifung. Die Aus- und Eintrittsstellen der Nerven im Rückenmark und Teile ihrer Verschaltung sind ebenfalls segmental angeordnet. Das gleiche gilt für den Truncus sympathicus des autonomen Nervensystems.

3.5.2 Ursprünglicher Bewegungsablauf

Durch die segmentale Anordnung der Muskulatur und damit auch der zugehörigen Anteile des Nervensystems ist die Schlängelbewegung die ursprüngliche Bewegung der Vertebraten (Wirbeltiere). Sie ist möglich durch die wechselseitige Kontraktion von Myomeren.

3.5.3 Gliedmaßenbildung

In der weiteren Entwicklung kommt es zu einer Ausgestaltung von vier Gliedmaßen aus der ventrolateralen Leibeswand. Muskelgruppen aus der metameren Anordnung verlagern sich in die Gliedmaßen. Dort kommt es zur Bildung von dorsalen Muskelgruppen (Extensoren) und ventralen Muskelgruppen (Flexoren).

MERKE: Die amöboide Zellbewegung, die einfachste, die wir im Tierreich
antreffen, findet man bei Leukocyten und Makrophagen. Durch Zellbewegung und Zellkontakt kommt es zu einem Zusammenschluß gleichartiger Zellen zu einem Zellverband. Durch Differenzierung einzelner
Zellen des Verbandes entstehen Gewebetypen und Organe. Innerhalb
eines Organs kann es zu Veränderungen durch Hypertrophie, Atrophie
und Metaplasie kommen.

4. Grundlagen der Mikrobiologie

4.1 DIE GROSSEN GRUPPEN DER MIKROORGANISMEN

In der Mikrobiologie beschäftigt man sich mit den kleinsten lebendigen Organisationsformen.
Die kleinsten Mikroorganismen, die zur Gruppe der Prokaryonten gehören, stellen die Monera dar. Der Stamm der Monera enthält Bakterien und Blaualgen (Beschreibung einer prokaryotischen Zelle in 4.2).
Die nächstgrößere Organisationsform sind die Protista. Es handelt sich um eukaryotische Mikroorganismen wie Pilze, Algen und Protozoa (Beschreibung einer eukaryotischen Zelle in Kapiel 6).

Außerdem werden auch subzelluläre Formen wie Viren und Viroide zur Gruppe der Mikroorganismen gerechnet.

Eine Untersuchung der Mikroorganismen ist nur mit dem Mikroskop möglich. Mit dem Lichtmikroskop, das über ein Auflösungsvermögen bis zu 0,2 µm verfügt, lassen sich Bakterien gut erkennen. Um sich jedoch einen detaillierten Plan ihres Aufbaus verschaffen zu können, ist man auf das Elektronenmikroskop angewiesen.

4.2 BAKTERIEN

ORGANISATION DER BAKTERIENZELLE

Bakterien haben meist die Form von Stäbchen und sind ungefähr 1 µm lang. Die Bakterienzelle besitzt <u>keinen</u> von einer Membran umgebenen <u>Zellkern</u>. Sie verfügt über DNA, die sich in bestimmten, aber unscharf begrenzten Bereichen befindet. Man bezeichnet einen solchen Bereich als Nucleoid. Die Nucleoide sind Kernäquivalente und entsprechen als genetische Steuerzentren dem Zellkern funktionell.

Ein Nucleoid enthält nur einen DNA-Doppelstrang, der die Gestalt eines unverzweigten, ringförmig in sich geschlossenen Fadens aufweist. Der etwa 1 mm lange Faden ist weder an Histone noch an andere Proteine gebunden.
Die DNA-Menge beträgt hierbei nur etwa 1/1000 der DNA-Menge im Zellkern von Eucyten (Zelle eines Mehrzellers).

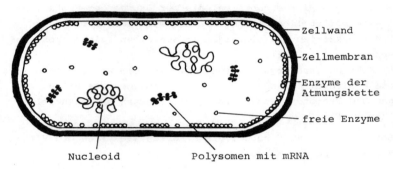

Abb. zu 4.2   Aufbau der Bakterienzelle

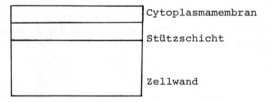

Abb. zu 4.2   Aufbau der Bakterienzellwand

Das Cytoplasma enthält die Ribosomen, die durchweg etwas kleiner (70 s) sind als die der höheren Organismen.
Das Cytoplasma wird durch eine Cytoplasmamembran begrenzt, an der sich Enzyme der Atmungskette befinden. Bei höheren Zellen sind diese Enzyme in den Mitochondrien lokalisiert; bei Bakterien sind Mitochondrien nicht vorhanden. Natürlich dient

die Membran auch als physiologische Barriere dem selektiven Stoffaustausch.

Die Cytoplasmamembran besitzt an einigen Stellen Einstülpungen ins Cytoplasma, die man als Mesosomen bezeichnet. Sie enthalten lichtabsorbierende Pigmente und Komponenten des photosynthetischen Elektronentransport- und Phosphorylierungssystems.

Die Stützschicht besteht aus einem Murein-Sacculus. Es handelt sich hierbei um ein Polymer, das Glycopeptid Murein. Es besteht aus Aminozuckern (Glucosamin, Galaktosamin) und Peptiden, die durch Mureinsäure gekoppelt sind.
Die Stützschicht wird von accessorischen Substanzen und einer starren Zellwand umgeben. Mit Hilfe der <u>Gram-Färbung</u> können Bakterien sehr gut unterteilt werden. Es handelt sich um einen Kristallviolett-Jod-Komplex, der sich mit der Zellwand verbindet. Gram-positive Bakterien lassen sich mit Hilfe von Alkohol nach der Färbung nicht mehr entfärben, gram-negative Bakterien geben den Farbstoff wieder ab. Gram-positive und gram-negative Bakterien unterscheiden sich im Aufbau des Murein-Sacculus und in den accessorischen Substanzen. Gram-negative besitzen ein einschichtiges Mureinnetz und als accessorische Substanz Lipoproteine, Lipopolysaccharide und Phospholipide. Gram-positive Bakterien weisen ein mehrschichtiges Mureinnetz mit einem geringen Gehalt an Proteinen und Polysacchariden auf.

Die Bakterienwand reagiert sehr empfindlich auf die Einwirkung von <u>Antibiotika</u>. Antibiotika sind Wirkstoffe, die von Mikroorganismen gebildet werden und die Entwicklung von Bakterien hemmen. Penicillin wirkt hauptsächlich bei gram-positiven Bakterien, weniger bei gram-negativen. Es blockiert die Bildung der bakteriellen Zellwand, indem es eine Quervernetzung durch Peptidketten verhindert. Dadurch entstehen Lücken in der Zellwand. Durch osmotische Druckunterschiede zwischen Außen- und Innenmilieu kommt es zum Platzen der Zellmembran. Penicillin wirkt daher nur auf wachsende Bakterien.

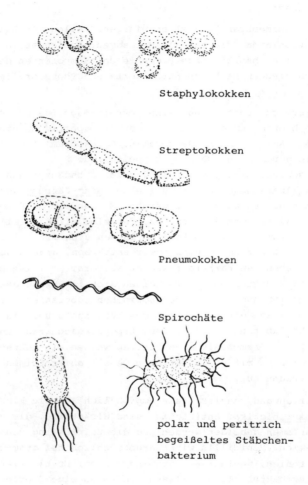

Abb. zu 4.2 verschiedene Bakterienzellformen

Andere Antibiotika verbinden sich mit den Ribosomen und erzeugen Ablesefehler bei der Translation (Streptomycin) oder verhindern eine Anlagerung der m-RNA, um die Translation zu blockieren (Chloramphenicol).

Das Enzym Lysozym ist ebenfalls bactericid. Man findet es im Nasenschleim und in der Tränenflüssigkeit. Es wirkt auf grampositive Bakterien und baut deren Zellwand ab. Es spaltet die glycosidische Bindung des Mureins.

Bestimmte Bakterien können unter der Einwirkung von Penicillin sog. L-Formen ausbilden. Aus der Bakterienzelle entwikkelt sich eine Riesenzelle, die jedoch nur sehr wenig Wandmaterial besitzt, da Penicillin die Zellwandsynthese hemmt. Die L-Formen ähneln den Mycoplasmen, einer Bakteriengruppe, der eine feste Zellwand fehlt. L-Formen können sich wieder zu ihrer ursprünglichen Form zurückbilden.

Bei einigen Bakterienstämmen findet man verschiedene nichtobligate Bauelemente. So wird beispielsweise eine verschleimende Gallerthülle aus Polysacchariden und Polypeptiden gebildet. Dadurch wird eine Phagocytierung verhindert. Manche Bakterien besitzen Geißeln, die eine aktive Bewegung ermöglichen. Es existieren auch Stämme, die mit bis zu Tausenden dünnen Fäden (Pili) besetzt sind.

Unter ungünstigen Bedingungen bilden viele Bakterien Dauerformen. Eine solche Dauerspore ist mit Reservestoffen angefüllt und kann dadurch einen längeren Zeitraum überbrücken. Die Sporenwand ist besonders dick und in mechanischer wie chemischer Hinsicht sehr stabil. Manche Sporen überstehen stundenlanges Kochen. Da bei Sporen der Stoffwechsel weitgehend ruht bewirken Antibiotica keine Schädigung.

Auf Grund all dieser Unterschiede zur Eucyte (Zelle der Eukaryonten) bezeichnet man eine Bakterienzelle als Protocyte und rechnet sie zur Gruppe Prokaryonten (vergleiche 6.1).

MERKE: Das Bakterium besitzt keinen Zellkern, sondern ein Kernäquivalent, den Nucleoid. Er enthält einen DNA-Doppelstrang. Die Cytoplasmamembran enthält die Enzyme der Atmungskette.
Mit Hilfe der Gram-Färbung können Bakterien in gram-positive und

gram-negative eingeteilt werden. Antibiotica blockieren die Bildung der bakteriellen Zellwand oder erzeugen Ablesefehler bei der Proteinsynthese.
Bakterien können Dauersporen bilden und dadurch von Antibiotica nicht geschädigt werden.

4.3 VERMEHRUNG UND ZÜCHTUNG VON BAKTERIEN

Bakterien können sehr einfach in flüssigen und festen Nährmedien gezüchtet werden. Im Nährmedium müssen Wasser, Mineralien, Stickstoff und Kohlenstoffquellen enthalten sein. Weiterhin ist auch die Wasserstoffionenkonzentration von Bedeutung. Der pH sollte bei 7,0 liegen (neutral). Die Bebrütungstemperatur ist ebenfalls äußerst wichtig. Sie liegt bei etwa 37°C.

Die Kulturatmosphäre muß den jeweiligen Bakterien angepaßt werden. Aerobe Bakterien benötigen Sauerstoff als Elektronenacceptor. Die Luftzufuhr muß also geregelt sein. Die Anaerobier gewinnen die Energie nicht durch Atmung, sondern durch Gärung. Sie müssen daher unter Ausschluß von Luftsauerstoff gezüchtet werden. Microaerophile Bakterien benötigen reduzierten O_2-Gehalt und vermehrten CO_2-Gehalt, um sich bestmöglichst zu vermehren.

Unter optimalen Bedingungen teilt sich eine Bakterienzelle nach 20 Minuten.

Läßt man eine neuangelegte Bakterienkultur in einem flüssigen Nährmedium stehen, so können nach einer Nacht in 1 ml mehr als 10^9 Bakterien enthalten sein. Für ein derartiges Wachstum einer Bakterienkultur läßt sich eine Vermehrungs- oder Wachstumskurve anlegen. In der ersten Phase, der Anlauf- oder lag-Phase teilen sich die Bakterien weniger häufig. Danach folgt der schnelle Anstieg in der log-Phase. Es handelt sich um die exponentielle Form des Wachstums. Die einzelnen Organismen und auch die Zellmasse nehmen zu. Nach gewisser Zeit verändert sich die Zusammensetzung der Nährlösung, der

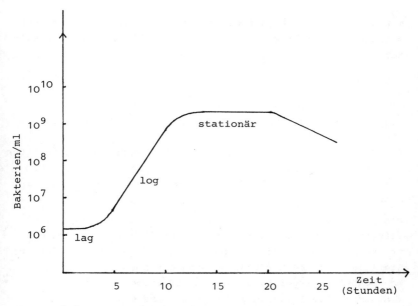

Abb, zu 4.3 Wachstumskurve einer Bakterienpopulation in einem flüssigen Nährmedium

pH-Wert ändert sich und Stoffwechselprodukte nehmen zu. Das Wachstum nicht ab (Retardationspahse), bis es zu einem Stillstand kommt (stationäre Phase). Anschließend kommt es zu einem exponentiellen Absterben der Organismen.

Züchtet man Bakterien auf festen Nährmedien, wie z.B. auf Agar-Agar (ein Gerüstpolysaccarid aus Rotalgen, der mit Wasser gekocht wird und geliert), so kann man eine Bakterienkolonie, die von einer einzigen Bakterie abstammt, heranwachsen lassen. Die Bakterien einer solchen Kolonie sind erbgleich. Man bezeichnet diese Gruppe von Zellen als Klon.

Um zu einer solchen Reinkultur zu gelangen, also einer Kultur, die nur aus einer einzigen Bakterienart besteht, muß man mittels einer Impföse die Bakterien einer Mischkultur voneinander trennen. Durch mehrmaliges Trennen und Verdünnen erreicht man schließlich eine Aufteilung in Einzelbakterien. Im Brutschrank entwickelt sich aus der Einzelbakterie eine Reinkultur.

4.4 HEMMUNG DES WACHSTUMS UND ABTÖTUNG VON BAKTERIEN

Für die Züchtung von Reinkulturen, aber auch für andere Arten von Laborarbeiten und natürlich für Arbeiten im klinischen Bereich, wie z.B. im OP, ist die Abtötung von Bakterien eine notwendige Voraussetzung.

Als physikalisches Verfahren wählt man die Abtötung durch Hitze oder durch Strahlen. Hitze-Sterilisation erfolgt mit trockener Heißluft oder gespanntem Dampf. Man benutzt es zur Sterilisation von Geräten, Gefäßen und auch von Lösungen. Man benötigt Temperaturen bis zu 180°C und Zeiten bis zu 2 Stunden. Die Entkeimung von Labor- und Operationsräumen wird mit Hilfe von Strahlen durchgeführt. Man benutzt meist UV-Strahlen.

Eine weitere Möglichkeit bietet die Anwendung von chemischen Verbindungen, die antibakteriell wirken. Man benutzt Phenolderivate, Formaldehyd und natürlich Alkohol.

Die Wirkung basiert im wesentlichen auf zwei Mechanismen: der Denaturierung von Proteinen und der Schädigung der Cytoplasmamembran. Die Membranschädigung führt zur Lyse der Zelle.

Einmal-Geräte wie Katheter, Infusionssysteme, Kunststoffspritzen, Kanülen, OP-Handschuhe etc. werden nach der Verpackung einer γ-Strahlung zur Sterilisation ausgesetzt.

Bei der Anwendung dieser Mittel ist jedoch zu beachten, daß Endosporen, also Bakterien, die in den Zustand der Dauerspore übergegangen sind, wesentlich resistenter sind als vegetative Bakterien. Die vorgeschriebenen Sterilisationszeiten müssen daher genau eingehalten werden.

Zu Heilzwecken wendet man auch bakterielle Chemotherapeutica
wie z.B. Penicillin an. Solche Stoffe dürfen nur eine Schädigung der Bakterien und nicht der Wirtszellen hervorrufen.
Menschliche Zellen dürfen durch solche Stoffe nicht angegriffen werden. Über die spezielle Wirkung von Antibiotica wurde
bereits in 4.2. berichtet.
Man versucht, zwei Wirkungskomponenten miteinander zu verbinden. Die bakteriostatische Wirkung hemmt das Wachstum bereits
vorhandener Keime. Eine bactericide Komponente tötet vorhandene Keime ab, wobei die Wirkung bei sich teilenden Bakterien
am größten ist. Man beobachtet jedoch leider immer wieder
eine Persistenz, ein Überleben von Keimen nach einer Behandlung. Solche Keime zeigen eine Resistenz gegen das angewandte
Medikament. Empfindliche Bakterien sterben unter der Wirkung
des Medikaments ab, die resistenten können sich jedoch vermehren. Somit führt jede Therapie zur Selektion resistenter
Bakterien.

4.5 ÄNDERUNG VON ERBEIGENSCHAFTEN DER BAKTERIEN

In jeder Bakterienkultur finden sich einige Bakterien, die
resistent gegenüber einem oder mehreren Antibiotica sind,
obwohl die Kultur keine Resistenz aufweist. Die Resistenz
ist jedoch nicht unter dem Einfluß des Antibioticums entstanden, sondern unabhängig von diesem. Eine Erklärung hierfür bietet zunächst das Auftreten von Mutationen. Die Wahrscheinlichkeit, daß ein Bakterium durch Mutation gegen ein
Antibioticum resistent wird, liegt in der Größenordnung von
10^{-6}. Die Wahrscheinlichkeit, daß ein Bakterium gar die Resistenz gegen zwei Antibiotica aufweist, ist gleich dem
Produkt der Wahrscheinlichkeit für das Auftreten einer Resistenz, also 10^{-12}.

Viel häufiger entsteht eine Resistenz eines Bakteriums jedoch durch den Erwerb von neuem genetischem Material. Es handelt sich hierbei um parasexuelle Vorgänge: Bakterien können nämlich außer ihren Chromosomen ringförmige DNA besitzen. Die Größe eines solchen Rings beträgt etwa 1 - 2% des Chromosoms. Man bezeichnet einen solchen DNA-Ring als Episom oder Plasmid. In den Episomen sind Gene eingebaut, die eine DNA-Übertragung in eine andere Bakterienzelle ermöglichen. Zwischen zwei Bakterien bilden sich Proteinröhrchen (Pili), die einen Zellkontakt herstellen und ein Episom von einer in die andere Zelle übertragen können. Durch diesen Vorgang entsteht ein ständiger Informationsaustausch zwischen den einzelnen Bakterien. Eine solche DNA-Übertragung bezeichnet man als Konjugation. Eine Konjugation ist auch zwischen Bakterien verschiedener Spezies möglich.

Es gibt aber auch noch zwei weitere Übertragungsarten, die keinen direkten Kontakt zwischen zwei Bakterien aufweisen. Bei der Transduction wird DNA mit Hilfe eines Bakteriophagen (siehe 4.7) übertragen. Transformation schließlich nennt man die Genübertragung durch freie DNA. Diese DNA wurde von einer Spenderzelle freigesetzt.

Durch diese Austauschvorgänge werden Informationen aller Art gegenseitig übertragen. Gefährlich sind die sogenannten R-Faktoren (R = Resistenz), die vornehmlich an Episomen gebunden sind und nach ihrem Einbau in die DNA der Empfängerzelle eine Resistenz gegen bestimmte Antibiotica erzeugen.

Einzelne Bakterien, die über eine Konjugation eine Resistenz erlangt haben, überleben eine Behandlung mit dem speziellen Antibioticum. Es kommt zu einer Selektion resistenter Klone. Man beobachtet sogar die Informationsübertragung über Episomen von einer Bakterienart auf eine andere.
Hat sich bei einem Erreger eine Resistenz gegen ein bestimmtes Antibioticum entwickelt, so kann sich diese gleichzeitig auf andere Stoffe erstrecken. Man spricht dann von Kreuz- oder Parallelresistenz. Sie wird vornehmlich zwischen Substanzen verwandter chemischer Struktur und gleichem oder ähnlichem Wirkungsmechanismus beobachtet (z.B. Tetracycline, Sulfonamide).

Man kann aus diesen Erkenntnissen nur den Schluß ziehen, daß medizinische Antibiotikabehandlungen das Risiko der Selektion resistenter Bakterien tragen. Vom Standpunkt des Genetikers wäre eine Kombinationstherapie mit mehreren Antibiotika wünschenswert, um das Auftreten resistenter Bakterien zu vermindern.

MERKE: Antibiotikaresistenzen entstehen durch zufällige Mutationen und durch den Erwerb von neuem genetischen Material. Die DNA-Übertragung (mittels eines Episoms) bezeichnet man als Konjugation. Transduction ist die DNA-Übertragung mit Hilfe eines Bakteriophagen.

4.6 ÖKOLOGISCHE BEDEUTUNG DER MIKROORGANISMEN

Die eigentliche Aufgabe, die Mikroorganismen zu erfüllen haben, ist die Aufrechterhaltung von Gleichgewichten in der Natur. Das Leben würde ohne Mikroorganismen zu einem sofortigen Stillstand kommen.
Beispielsweise stellen sie das für die Pflanzen zur Photosynthese notwendige CO_2 zur Verfügung, indem sie Kohlenstoff mineralisieren. Ihre pathogenen Auswirkungen stellen eigentlich nur eine "Nebenwirkung" dar (vgl. hierzu Kapitel 5.4).

4.7 VIREN, AUFBAU, VERMEHRUNG UND ZÜCHTUNG

Viren sind Lebenwesen, die außer ihrem genetischen Material (sie besitzen entweder nur DNA oder nur RNA) nur sehr wenige andere Stoffe enthalten. Darunter fallen Kohlenhydrate, Lipide und Proteine. Sie zeigen keine Zellstruktur. Das Hauptunterscheidungsmerkmal ist der Stoffwechsel. Es handelt sich nämlich um Zellparasiten ohne eigenen Stoffwechsel. Sie können sich nur in Wirtszellen vermehren und ausbreiten, indem sie den Stoffwechsel der Wirtszelle für sich nutzen. Ohne Wirtszelle sind sie weder zu Wachstum noch zur Vermehrung fähig. Viren sind erheblich kleiner als Bakterien, etwa

0,2 µm oder kleiner, und sind daher mit Hilfe eines Lichtmikroskops nicht mehr sichtbar. Die einzelnen Gruppen unterscheiden sich erheblich in Größe und Gestalt. Sie zeigen jedoch einen bestimmten Grundbauplan, den man als charakteristisch ansehen kann:
Eine zentral gelegene Nucleinsäure, die von einem Eiweißmantel (Capsid) umgeben ist. Nucleinsäure und Mantel nennt man zusammen Nucleocapsid. Das Capsid wiederum besteht aus Untereinheiten, die man als Capsomeren bezeichnet. Einfache Viren bestehen nur aus einem Nucleocapsid. Andere Gruppen sind darüber hinaus mit einer Hülle aus Lipoprotein, Glycoprotein, Lipid oder Protein umgeben.

Viren werden nach folgenden Gesichtspunkten klassifiziert: zuerst unterscheidet man sie in animalische Viren, Pflanzenviren, Bakteriophagen, danach in

- Aufbau der Nucleinsäure aus DNA oder RNA
- Einzel- oder Doppelstrang der Nucleinsäure
- Gewicht der Nucleinsäure
- Menge der Nucleinsäure im Verhältnis zur Größe
- Form des Virus
- Symmetrie des Virus
- Wirt
- Überträger
- immunologische Eigenschaften

Ein Beispiel für einen pflanzenpathogenen Virus ist der Tabakmosaikvirus (TMV), der bei Tabakblättern großen Schaden verursacht. Er hat eine Länge von 3000 Å und einen Durchmesser von 180 Å. Er besteht aus einem Hohlzylinder. Die RNA-Moleküle sind spiralig angeordnet. Umgeben wird die RNA-Spirale von Proteinuntereinheiten, die schraubig angeordnet sind.

Eine andere Klasse stellen die bakterienspezifischen Viren, die Bakteriophagen dar. Gut untersucht sind die T-Phagen von Escherichia coli. Dieser Phage besteht aus einem Kopf, in welchem die DNA eingelagert ist, und einem Schwanz. Kopf und Schwanz sind aus Proteinen aufgebaut.

Wie andere Virus-Gruppen vermehrt sich auch der Phage nur im
Innern einer Zelle, einer Bakterienzelle, indem er deren Proteinsyntheseapparat und viele andere Enzyme benutzt.

Die Virusvermehrung unterteilt man (anhand des T_2-Phagen von
E. coli) in folgende Phasen:

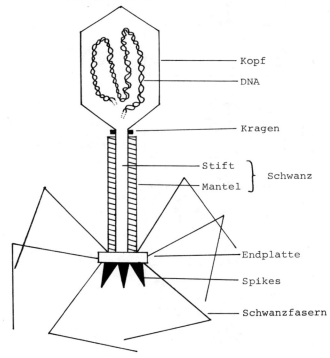

Abb. zu 4.7   Schematischer Aufbau des Bakteriophagen T_2

a) Adsorption
   Der T_2-Phage heftet sich mit seiner Endplatte an ein E.
   coli Bakterium.
b) Penetration
   Ein Enzym löst die Bakterienwand auf, der Schwanzmantel
   kontrahiert sich und bohrt den Stift ins Innere des Bakteriums.

c) Uncoating

Die Virus-Nucleinsäure dringt durch den Stift ins Innere der Zelle ein. Die leere Eiweißhülle bleibt auf dem Bakterium zurück.

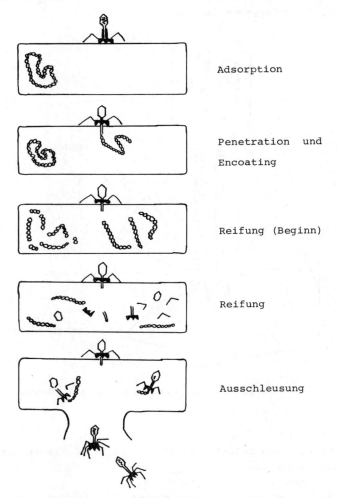

Abb. zu 4.7 Phasen der Virus-Vermehrung am Beispiel des Bakteriophagen T_2

d) Eklipse
   Die eingedrungene Nucleinsäure ist im Inneren der Zelle nicht mehr sichtbar. Es kommt zur Synthese.
e) Synthese
   Die eingedrungene DNA benutzt den Proteinsyntheseapparat und Enzyme des Bakteriums. Neue Virus-Nucleinsäure und Proteinhüllenteile werden aufgebaut.
f) Reifung
   Die neu gebildeten Teile der Proteinhüllen werden zu neuen Phagenhüllen zusammengesetzt und anschließend mit der ebenfalls neugebildeten Phagen-Nucleinsäure gefüllt. Im Inneren des Bakteriums haben sich also etliche neue Phagen herangebildet.
g) Ausschleusung
   Zuletzt wird die Zelle dazu veranlaßt, Lysozyme zu bilden, die die Bakterienwand auflösen. Es kommt durch die Einwirkung der Phagen zum programmierten Zelltod. Die neugebildeten Phagen können nach der Auflösung der Wand aus der Zelle entweichen. Die Ausschleusung kann bei anderen Virusarten von verschiedener Art sein.

Zur Virusvermehrung muß noch folgendes angemerkt werden:
Bei anderen Virusarten löst der Virus während der Penetration die Bakterienwand auf und gelangt vollständig ins Innere des Bakteriums. Folglich vollzieht sich das Uncoating ebenfalls in der Bakterienzelle, wo auch die leere Eiweißhülle verbleibt.

Die Züchtung von Viren kann mit Hilfe von embryonalen Zellen durchgeführt werden. Bei embryonalen Zellen ist die Spezifität, auch gegenüber Viren, sehr viel geringer.
Viren werden auf Eihüllen (Chorio-Allantois, Amnion oder Dottersack) von bebrüteten Hühnereiern oder in neugeborenen Mäusen zur Vermehrung gebracht. Auch Zellkulturen, die aus Fibroblasten des Bindegewebes bestehen und Zellrasen (monolayers) bilden, können mit Viren beimpft werden.
Mit Hilfe dieser Züchtungen kann beispielsweise der Nachweis pathogener Viren geführt werden.

Die besondere Art der Virusvermehrung innerhalb einer Wirtszelle führt meist zum Tod der Wirtszelle. Liegen die Viren in einem bestimmten Titer vor und ist eine bestimmte Zahl von Zellen bereits zerstört, kann es zum Ausbruch einer Krankheit kommen. Man bezeichnet diesen Vorgang als <u>produktive Infektion</u>.

Zahlreiche Erkrankungen, vor allem bei Kindern, sind auf eine virale Infektion zurückzuführen (z.B. Masern, Mumps, Windpocken, Herpes, Pocken, Poliomyelitis etc.). Aber auch die Entstehung einiger bösartiger Tumoren ist eindeutig Viren (onkogene Viren) zuzuschreiben.

MERKE: Viren enthalten DNA oder RNA. Sie zeigen keine Zellstruktur und verfügen über keinen eigenen Stoffwechsel. Die Vermehrung findet ausschließlich in Wirtszellen statt.

5. Ökologie

5.1 GRUNDBEGRIFFE

Unter dem Begriff <u>Ökologie</u> versteht man die Lehre vom Haushalt der Natur, also von den Wechselbeziehungen zwischen pflanzlichen und tierischen Organismen und ihrer Umwelt.

Die <u>Autökologie</u> beschäftigt sich mit den <u>abiotischen</u> Faktoren. Abiotische Faktoren entstammen der unbelebten Umwelt. Dazu gehören Licht, Temperatur, Feuchtigkeit, Sauerstoffgehalt, Wind, Konsistenz des Bodens, pH-Wert und andere physikalische oder chemische Faktoren.

Die <u>Synökologie</u> beinhaltet die <u>biotischen</u> Faktoren. Sie entstammen der belebten Umwelt. Dazu gehören Nahrung, Episitismus (Räuber-Beute-Verhältnis), Konkurrenz, Symbiose, Parasitismus, Fortpflanzung, Verbreitung, Wanderung und soziales Verhalten.

Jeder Organismus hat seinen bestimmten Standort, der ihm ein bestimmtes Gefüge physikalischer und chemischer Faktoren bietet. Einen solchen Standort nennt man <u>Biotop</u>.

Die Organismen in einem Biotop stehen in einer engen Beziehung zueinander. Sie bilden eine Lebensgemeinschaft, eine <u>Biozönose</u>.

Die einzelnen Mitglieder einer Biozönose, Pflanzen und Tiere, sind zwar ständigen Schwankungen unterworfen, doch führt ihre gegenseitige Kontrolle zu einem Gleichgewicht. Da dessen Grundlage der fortwährende Stoff- und Energiefluß in diesem System ist, stellt es ein Fließgleichgewicht dar.

Biozönose und Biotop sind nicht voneinander zu trennen und stellen ein System dar, das <u>Ökosystem</u>.

5.2 AUTÖKOLOGIE

5.2.1 Toleranz und Präferenz

Jedes Biotop bietet ein bestimmtes Gefüge von physikalischen und chemischen Faktoren. Die Standortansprüche der Organismen sind von Art zu Art verschieden. Ob ein Faktor fördernd oder hemmend auf einen Organismus einwirkt, hängt von seiner Konzentration ab. Zuviel kann genauso begrenzend wirken wie zuwenig. Die einzelnen Arten besitzen gegenüber abiotischen Faktoren eine gewisse ökologische Valenz, den Toleranzbereich. Liegen die Bedingungen innerhalb dieses Bereichs, so können die Organismen in diesem Bereich überleben. Jede Art besitzt innerhalb des Toleranzbereiches einen Wert mit den günstigsten Bedingungen. Man nennt diesen Wert das Optimum; den Bereich um diesen Wert den Präferenzbereich.
Organismen, die einen weiten Toleranz- und Präferenzbereich haben, bezeichnet man euryök, bei einem engen Bereich stenök.

5.2.2 Temperatur

Einen der entscheidendsten abiotischen Faktoren stellt die Temperatur dar. Da nur wenige Organismen in der Lage sind, ihre Temperatur selbst zu erzeugen und aufrechtzuerhalten (Säugetiere und Vögel), ist ein gewisses Temperaturminimum notwendig.
Man kann Tiere bezüglich ihres Wärmehaushaltes in zwei Gruppen unterscheiden. Die erste Gruppe sind die Wechselwarmen oder Poikilothermen. Bei ihnen ist die Körperwärme von der Umgebungstemperatur abhängig. Zu ihnen zählt man die Insekten, Amphibien und Reptilien. Mit der Veränderung der Umgebungstemperatur verändert sich auch die Geschwindigkeit ihrer körpereigenen Reaktionsabläufe. Eine Temperaturerhöhung um 10^oC führt zu einer Zunahme der Aktivität und des Stoffwechsels um das 2-3fache. So beträgt die Entwicklungsdauer der Hausfliege vom Ei bis zum fertigen Tier bei 20^oC 20 Tage, bei 30^oC hingegen nur 9 Tage. Diese Temperaturen müssen sich jedoch mög-

lichst in Nähe des Präferenzbereiches des jeweiligen Tieres bewegen.

Der Toleranzbereich bei Poikilothermen liegt zwischen $-10^{\circ}C$ und $+50^{\circ}C$. Innerhalb des Toleranzbereiches suchen sich die Tierarten ein spezifisches Optimum, das die besten Lebensbedingungen ermöglicht.

Die zweite Tiergruppe ist die der Gleichwarmen oder Homoiothermen, die von der Außentemperatur weitgehend unabhängig ist. Zu dieser Gruppe zählt man die Säugetiere und die Vögel. Der Körper ist über das ZNS in der Lage, Wärmeproduktion und Wärmeabgabe zu steuern, um die Körpertemperatur weitgehend konstant zu halten. Bei der Mehrzahl der Säuger liegt die Körpertemperatur bei $36^{\circ}C$ bis $37^{\circ}C$, bei Vögeln kann sie bis zu $40^{\circ}C$ betragen.

Die Aufrechterhaltung der Temperatur wird mittels Anregung oder Verminderung des Stoffwechsels, Durchblutung der Haut, durch Haar- oder Federkleid bewerkstelligt. Es erfordert jedoch eine regelmäßige Zufuhr von Verbrennungsenergie, da sonst die Körpertemperatur unweigerlich absinkt. Der Toleranzbereich liegt bei Homoiothermen zwischen $-40^{\circ}C$ (Eisbären, Pinguine) und $+50^{\circ}C$. Längerfristige höhere Temperaturen führen zu einer Veränderung des Eiweißes und zum Wärmetod.

5.2.3 Licht

Neben der Wärme liefert uns die Sonneneinstrahlung das sichtbare Licht und die UV-Strahlung.

Die bedeutendste Funktion des Lichts ist seine Umwandlung in Energie durch Pflanzen, die Photosynthese. Ohne Photosynthese wäre Leben auf der Erde undenkbar, da mittels photosynthetischer Zellen, die Sauerstoff freisetzen, erst der Aufbau der Atmosphäre ermöglicht wurde. Fast alle Tiere haben im Laufe der Evolution Lichtsinnesorgane entwickelt. Durch den jeweiligen 12 Stunden-Rhythmus kam es zu einer Ausbildung von verschiedenen Verhaltensweisen. So kennt man tagaktive, dämmerungsaktive und nachtaktive Arten. Viele Tiere wie Vögel und

Bienen orientieren sich an der Stellung der Sonne und benutzen diese als Kompaß.
Die ultraviolette Strahlung wird durch den Ozon-Mantel der Atmosphäre weitgehend absorbiert. Nur ein geringer Teil der Strahlung erreicht die Erdoberfläche und ist bedeutend für etliche biologische Prozesse. Beispielsweise wird sie für die Bildung von Vitamin D in der Haut von Säugetieren und Vögeln benutzt. Vitamin D-Mangel führt zu Rachitis, einer Knochenerweichung.
UV-Strahlung führt jedoch auch zu einer Schädigung der Haut bei zu langer Einstrahlung. Sie kann zu DNA-Veränderungen und somit zu malignen Gewebsentartungen führen.
Die Hautfarbe wird durch die Einlagerung von dunklen Melanin-Pigmenten bestimmt. Melanin dient als Schutz vor UV-Strahlung. Dunkle Haut (höherer Melaningehalt) absorbiert also weniger UV-Strahlung als helle Haut, sie begünstigt aber gleichzeitig rachitische Erkrankungen.

MERKE: Die abiotischen Faktoren bestimmen die Arten der Organismen, die in einem Biotop leben. Jede Art besitzt einen gewissen Toleranzbereich.
Die Temperatur stellt einen wichtigen abiotischen Faktor dar. Bei Poikilothermen entscheidet die Umgebungstemperatur die Geschwindigkeit der körpereigenen Reaktionsabläufe. Homoiotherme sind innerhalb des Toleranzbereiches weitgehend unabhängig von der Außentemperatur.
Pflanzen besitzen die Möglichkeit, mit Hilfe des Lichts über die Photosynthese Sauerstoff freizusetzen. UV-Strahlung ermöglicht die Bildung von Vitamin D, kann jedoch bei zu langer Einstrahlung Schädigungen der Haut bewirken.

5.3   POPULATIONSÖKOLOGIE

5.3.1 Population

Unter dem Begriff Population versteht man ein Organismuskollektiv einer einzigen Art in einem meist auch abgegrenzten Biotop. Die Struktur der Population ist stets als momentanes Zustandsbild aus dem populationsdynamischen Ablauf zu verstehen. Sie ist vorwiegend bedingt durch die Variabilität ihrer Mitglieder und der Umweltfaktoren.

Die Strukturelemente können in zwei Hauptgruppen gegliedert werden:

I. formale Strukturelemente

   darunter versteht man:

1. Die Populationsdichte ist die Beziehung zwischen Anzahl der Mitglieder und dem vorhandenen Raum.
2. Die Verteilung der Individuen im Lebensraum
3. Der Habitus einer Population wird dadurch bestimmt, daß unter gleichen Bedingungen die Individuen nicht übereinstimmen.
4. Der Altersaufbau zeigt die Anteile der Population an verschiedenen Altersstufen.
5. Der Geschlechteranteil
6. Die Morbidität (Krankheitszustand)

II. funktionelle Strukturelemente

   hierzu zählt man:

1. das Verhalten
2. die Konstitution (die ererbte oder erworbene physiologische Leistungsfähigkeit)
3. die Fertilität (Fruchtbarkeit)
4. die Mortalität (Sterblichkeit

5.3.2 Populationsdynamik

Da jede Population aus einer großen Zahl von Einzelindividuen besteht, ist die Dynamik einer Population an den statistischen Werten und Wertänderungen, die oben aufgeführt sind, ablesbar.

An Hand der statistisch ermittelten Werte ist man in der Lage, über Individuenzahl, Populationsdichte, Sterbe- und Geburtenrate Rückschlüsse auf Umweltfaktoren zu ziehen, die auf diese Werte Einfluß haben.

Bedeutend sind also die Eigenschaften des jeweiligen Biotops wie das Wetter, das Klima, der geographische Aufbau; also abiotische Faktoren. Ebenso bedeutend sind natürlich auch die biotischen Faktoren, also die Zusammensetzung der Organismen im Biotop. Das Biotop wird bestimmt durch die Art der vorkommenden Pflanzen, die den Tieren und natürlich auch dem Menschen die jeweilige Lebensgrundlage ermöglicht.

Die Populationsdynamik des Menschen wird dadurch bestimmt, inwieweit er in der Lage ist, sein Biotop für sich zu nutzen. Diese Nutzbarmachung wird sich in den statistischen Zahlen niederschlagen. Je besser eine Population sich den Lebensbedingungen anpaßt, desto größer wird das Wachstum der Individuenzahl, und desto weiter wird sich die Population ausbreiten.

Dem Menschen ist es gelungen, sich überall auf der Erde auszubreiten und Populationen aufzubauen, indem er sich den Bedingungen angepaßt hat. Bedeutend sind natürlich die technischen Errungenschaften, ohne die diese totale Ausbreitung nicht ermöglicht worden wäre.

Die rasche Entwicklung der Medizin hat natürlich auch große Bedeutung für die Populationsdynamik des Menschen.
Durch Erkennen und frühzeitiges Heilen von Krankheiten, durch neuartige Techniken im Bekämpfen von Krankheiten, durch Vorbeugungsmaßnahmen, Impfungen und durch Hygiene hat sich die Individuenzahl einer Population stark verändert. Die Weltbevölkerung ist explosionsartig gestiegen. Die Säuglingssterblichkeit wird immer geringer und die Lebenserwartung immer größer. Der Altersaufbau hat sich durch geringere Mortalität immer mehr verschoben.

5.4 BIOZÖNOTISCHER ZUSAMMENHANG

5.4.1

Wie bereits bei der Erklärung der ökologischen Grundbegriffe gesagt, stellt die Biozönose die Lebensgemeinschaft aller Organismen in einem Ökosystem dar. Jeder Organismus steht nämlich zu anderen Organismen in einer engen Beziehung oder Abhängigkeit. Man bezeichnet diese Beziehungen als biozönotischen Zusammenhang.

5.4.2

Durch den Kontakt der verschiedenen Arten kommt es zu verschiedenen Verhaltensweisen gegeneinander. Eine wichtige Beziehung ist die <u>Konkurrenz</u>. Es kommt zwischen vielen Arten zu intensiven Wettstreiten um wichtige Umweltfaktoren wie Licht, Nahrung, Wärme, Wasser usw. Bei Pflanzen äußert sich die Konkurrenz in schnellem Wachstum wegen besserer Ausnutzung des Lichts und Vergrößerung der Wurzelsysteme zur besseren Nahrungsaufnahme. Bei Tieren zeigt sich die Konkurrenz im Territorialverhalten, Aggression, Kämpfen um Weibchen. Durch die Konkurrenz kann es durch Massenzunahme der stärkeren Art zum Verdrängen einer Art aus einem Biotop kommen.

Eine positive Beziehung zwischen Pflanzen und Tieren stellt die <u>Symbiose</u> dar.
Man nennt so das Zusammenleben artverschiedener Organismen zu gegenseitigem Vorteil.
Symbiose findet man bei den verschiedenartigsten Pflanzen und Tierarten, oft findet auch eine Symbiose zwischen Pflanze und Tier statt. Auch beim Menschen findet man eine Symbiose mit den Mikroorganismen (z.B. E. coli) des Darmes. Diese leben von der aufgenommenen Nahrung, sind aber aktiv an der Verdauung beteiligt. Außerdem beteiligen sie sich an der Synthese von Vitaminen.
Die Symbiose läßt sich oft auf Parasitismus zurückführen. Parasitismus (Schmarotzertum) liegt vor, wenn von zwei Organismen einer den anderen in direktem Kontakt ausnützt. Parasitismus trifft man sehr häufig bei Bakterien an. Man unterscheidet Parasiten beim Menschen in Ektoparasiten und Endoparasiten. Ektoparasiten leben auf der Körperoberfläche (z.B. Wanzen, Flöhe, Läuse, Mikrokokken, Streptokokken). Endoparasiten findet man im Gewebe, in Organen und im Blut (Bakterien und Würmer).

Endoparasiten profitieren davon, im Wirtsorganismus ideale Eigenschaften zum Überleben vorzufinden. Da sie auf eine große Anzahl von Funktionen verzichten können, die sie zum

Überleben in der Natur bräuchten, ist ihre Struktur sehr reduziert.

Eine weitere Beziehung zwischen Organismen stellt der <u>Episitismus</u> dar, die Feind-Beute-Beziehung. Fast jeder Organismus hat in seinem Biotop einen Feindorganismus, dem er als Beute dient. Der Feind (oder Räuber) steht jeweils auf einer höheren Ernährungsstufe als seine Beute.

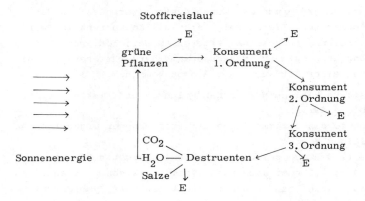

5.4.3 Nahrungsketten und Stoffkreislauf

An Hand der oben erwähnten Räuber-Beute-Beziehung kann man feststellen, daß sich innerhalb eines Ökosystems eine bestimmte Nahrungs-Reihenfolge einstellt, d.h. eine Art ernährt sich von bestimmten Organismen, dient aber andererseits gleichzeitig weiteren Organismen selbst als Nahrung. Man kann also im Ökosystem Nahrungsketten erkennen.

Die Glieder einer Nahrungskette sind in drei Kategorien zu unterteilen:

1. Die <u>grünen Pflanzen</u>. Sie stellen den Ausgangspunkt der Nahrungskette dar und werden als <u>Produzent</u> bezeichnet. Durch Photosynthese sind sie in der Lage, aus anorganischen Stoffen hochwertige organische Verbindungen aufzubauen. Sie benutzen dazu nur Sonnenenergie. Man nennt sie daher <u>autotrophe</u> Organismen. Grüne Pflanzen stellen die sog. Urnahrung dar.

2. Die zweite Gruppe sind die Konsumenten. Innerhalb dieser Gruppe folgen den Pflanzen in der Nahrungskette die pflanzenfressenden Tiere (Herbivoren). Sie bauen Pflanzenmaterial ab und gewinnen dadurch Energie. Da sie organische Verbindungen abbauen, nennt man sie heterotroph. Den Herbivoren folgen nun die Fleischfresser, die Carnivoren. Sie ernähren sich von Herbivoren und benutzen damit die von den Pflanzen aufgebauten hochwertigen Moleküle. Anschließend folgen die Carnivoren höherer Ordnung, die andere Carnivoren fressen.

3. Der Kreislauf wird von solchen Organismen geschlossen, die die Energie aus den organischen Rückständen toter Tiere und Pflanzen beziehen. Hierzu zählt man Bakterien und Pilze. Man bezeichnet die Gruppe als die Destruenten. Ihre Stoffwechselprodukte sind einfache anorganische Stoffe, die dann von den Prodizenten wieder aufgenommen werden können.

So wird der im menschlichen und tierischen Organismus als Stoffwechselprodukt entstehende Harnstoff von Bakterien zu Ammoniak gespalten. Über weitere Bakteriengruppen werden hieraus Nitrite und schließlich Nitrate gebildet, die ihrerseite von höheren Organismen zur Proteinsynthese benutzt werden.

Die Nahrungskette ist damit wieder an ihrem Ausgangspunkt angelangt.

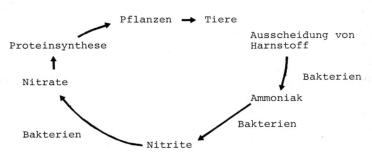

Anhand der Betrachtung der Nahrungskette wird klar, welche Bedeutung die zunehmende Verschmutzung unserer Umwelt hat.
Nehmen wir z.B. das Quecksilber. Elementares Quecksilber ist relativ ungefährlich, Quecksilberverbindungen wie Methylquecksilberchlorid oder Methylquecksilbersulfid sind jedoch hoch toxisch. Derartige Verbindungen finden sich in Industrieabfällen, vor allem der chemischen Industrie. Über die Flüsse gelangen Teile der Quecksilberabfälle in die Küstengewässer, wo sie von Organismen aufgenommen werden. Im Laufe der Nahrungskette werden sie, da sie nicht abgebaut werden können, von Stufe zu Stufe mehr konzentriert. Bei Fischen findet man daher Konzentrationen, die das Verträgliche erheblich überschreiten. Der Genuß solcher Fische führt zur Quecksilberintoxikation. Die Folgen sind eine schwere Schädigung des Nervensystems, die sich in Blind- und Taubheit, Sprechstörungen, Schluckstörungen, Idiotie und Tod äußern.
Die Krankheit wird nach einer Industriestadt in Südjapan Minamata-Krankheit genannt.
Dort kam es 1953 zu einer Vergiftungswelle durch die Abwässer einer Stickstoffabrik, die fast 200 Menschenleben forderte.

MERKE: Der biozönotische Zusammenhang ist durch Verhaltensweisen wie Konkurrenz, Symbiose, Feind-Beute-Beziehung bestimmt. Innerhalb eines Ökosystems stellt sich eine bestimmte Nahrungsreihenfolge ein, an deren Ende die Mikroorganismen einfache anorganische Stoffe abgeben.

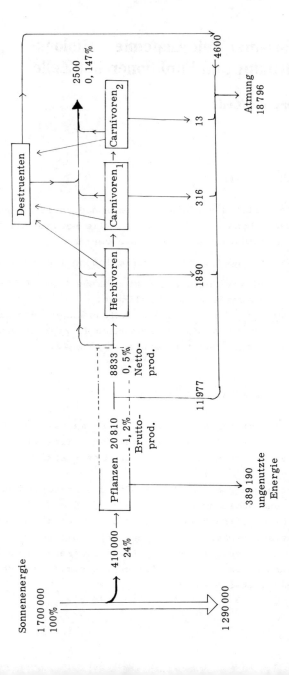

Energieflußdiagramm für den Quellsee Silver-Springs. Die Zahlen geben den Energiestrom in Kcal/m² · Jahr.

Gemeinsamer Teil Anatomie – Biologie
Infrastruktur und Funktionen der Zelle

6. Aufbau der Zelle

6.1   ZELLBEGRIFF

Die Zelle stellt die kleinste Funktionseinheit in der Organisation des Lebens dar. Sie besitzt alle notwendigen Einrichtungen, um selbständig lebens- und vermehrungsfähig zu sein.
In der Natur findet man zwei verschiedene Typen von Zellen:
- die Eucyte: sie ist die Funktionseinheit der Eukaryonten und besitzt einen Zellkern,
- die Protocyte: sie ist die Funktionseinheit von einzelligen Lebewesen, den Prokaryonten (Bakterien und Blaualgen), und ist kernlos (siehe 4.2).

6.2   PROTOPLASMA

Protoplasma ist ein Begriff, unter dem man allgemein und zusammenfassend die Zellsubstanz versteht. Eine durch Membranen nach außen abgegrenzte Einheit von Protoplasma bezeichnet man als Protoplast = Zelle.
Die wichtigsten spezifischen Stoffe des Protoplasmas sind Proteine und Nucleinsäuren.
In der Zelle befindet sich eine große Menge an Wasser in Form von Hydratationswasser der in der Zelle befindlichen Makromoleküle. Ein Entzug dieses Hydratationswassers würde zu einer Inaktivierung von Proteinen führen und somit jegliche Stoffwechsel-Aktivität beenden.

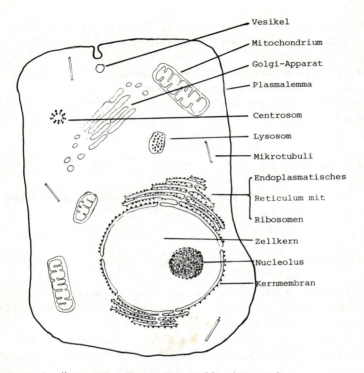

Abb. zu 6.1 Übersicht über eine Zelle (Eucyte)

6.3 CYTOPLASMA

Unter Cytoplasma versteht man das Grundplasma einer Zelle einschließlich aller darin eingeschlossenen Membransysteme und Zellorganellen.
Dazu gehören Mitochondrien, Golgi-Apparat, endoplasmatisches Retikulum, Ribosomen, Lysosomen, Centriolen.
Ausgenommen sind bei der Eucyte die Bestandteile des Zellkerns.

6.4 KARYOPLASMA

Unter Karyoplasma versteht man sämtliche Bestandteile des Zellkerns (Nucleus).

6.5 GRÖßE UND FORM VON ZELLEN

Die Begrenzung der Zellgröße, also das Verhältnis von Volumen zur Oberfläche, ist abhängig von der Art- und Gewebespezifität (Differenzierung) der jeweiligen Zelle.
Die Eizelle hat in der Regel ein großes Volumen, da sie eine umfangreiche Speicherfunktion besitzt. Ø 0,15 mm - menschliche Eizelle. Ein menschlicher Erythrocyt hat einen Durchmesser von ca. 7,7 µm, ist am Rand ca. 2,5 µm dick und in der Mitte ca. 1 µm dick. Er ist somit bikonkav gestaltet. In den Kapillaren zeigt er eine sehr starke Verformbarkeit (er besitzt keinen Zellkern).
Eine glatte Muskelzelle ist 20-30 µm lang und ca. 3-10 µm dick. Eine quergestreifte Muskelfaser hat einen Querschnitt von 10 bis 100 µm. Die Muskelfaser ist ein langer Cytoplasmaschlauch, in dessen Verlauf Zellgrenzen fehlen. Durch die Verschmelzung von vielen Zellen kann eine Muskelfaser bis zu 10 cm Länge erreichen. Eine Nervenzelle (Neuron) besitzt Ausläufer, die zur Reizweiterleitung beim Menschen bis zu 1 m lang werden können.

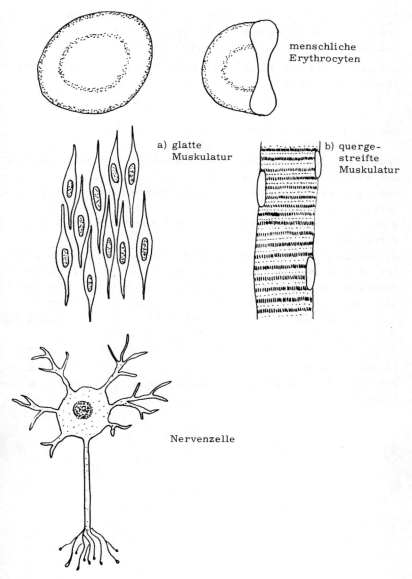

Abb. zu 6.5

Das Verhältnis von Kernvolumen zu Cytoplasmavolumen steht in jeder Zelle in einer bestimmten Relation zueinander. Man bezeichnet dies als die Kern-Plasma-Relation.

Die Form jeder einzelnen Zelle ist abhängig von ihrer jeweiligen Zellfunktion.

6.6 ZELLMEMBRAN (PLASMALEMMA)

Jede Zelle ist von einer Plasmamembran (Plasmalemma) umgeben und somit von den anderen Zellen räumlich abgegrenzt. Man bezeichnet das Plasmalemma auch als "unit membrane". Ihre Dicke beträgt ca. 80 Å.
Nach dem Fluid-Mosaik-Modell ist die Membran folgendermaßen aufgebaut:
Sie besteht aus einer Doppelschicht von Lipiden, deren lipophiles Ende jeweils nach innen gekehrt ist. Am hydrophilen (wasseranziehend), nach außen zeigenden Ende, befindet sich eine Proteinlage, die teilweise nach innen durchreicht.
Auf der Außenseite der Membran befindet sich eine Schicht von Polysacchariden, die man als Glykokalix bezeichnet. Ihre wesentlichen Bestandteile sind Glykoproteine und Glykolipide.
Die Glykokalix stellt einen Belag dar, der als Antigen wirkt und durch die Anlagerung bestimmter Zucker die Blutgruppe bestimmt.

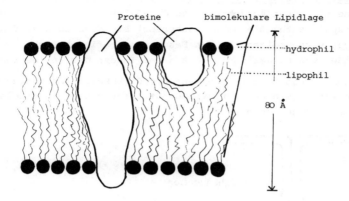

Abb. zu 6.6 Querschnitt durch eine Zellmembran

6.7 ZELLKONTAKTE

Für den Zellkontakt von verschiedenen Zellen untereinander spielt die Glykokalix ebenfalls eine Rolle. Gleichartige Zellen können sich erkennen und eine Kontaktzone kann aufgebaut werden. Es kann zur Hemmung der Zellbewegung und Zellteilung kommen. Dadurch ist die Möglichkeit der Gewebebildung gegeben. Man bezeichnet die Hemmung der Zellbewegung und der Zellteilung als Kontaktinhibition.

Die Zellkontakte unterscheidet man in folgende Gruppen:
- Zonulae occludentes. Es handelt sich um besonders enge Kontakte der Plasmalemmata benachbarter Zellen. Bei der "tight junction" kommt es zu einer Verschmelzung der beiden Zellmembranen. Sie dienen dem Stoffaustausch oder der elektrischen Koppelung. An Oberflächen dienen sie dem völligen Abschluß von anderem Gewebe. "Gap junctions" sind lokale Verengungen des Interzellularspalts auf etwa 30 Å.
- Zonula adhaerens. Unter der Zonula occludens findet man eine Verbreitung des Interzellularspaltes auf ca. 200 Å, die man als Zonula adhaerens bezeichnet. Es kommt zu keiner Membranverschmelzung.

- <u>Macula adhaerens</u>, <u>Desmosomen</u> (Haftplatten). Kleine Kontaktzone mit einer Ausdehnung von 0,3-0,5 μm. Der Interzellularspalt enthält eine Kittsubstanz. Die Membranen sind also nicht verschmolzen. In den Desmosomen befinden sich Bündel von Filamenten, die aus dem Innern der Zellen kommen.

Bei bösartigen Tumorzellen kann die Glykokalix Veränderungen aufweisen, die einen Verlust des Effektes der Kontaktinhibition zur Folge haben.

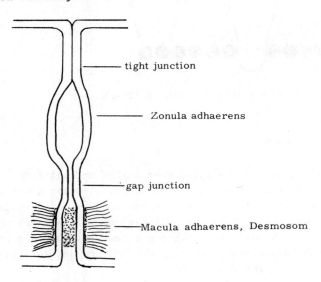

Abb. zu 6.7   Zellkontakte

6.8   TRANSPORTMECHANISMEN

Um den Stoffwechsel einer Zelle zu ermöglichen, müssen durch die Zellmembran Stoffe hineingegeben und auch abgegeben werden. Als passive Transportmöglichkeiten dienen hierbei Diffusion und Osmose.

Bei der <u>Diffusion</u> kommt es zu einem Austausch von Ionen oder Molekülen auf Grund ihrer kinetischen Energie, die eine ständige Bewegung der Teilchen verursacht. Die Strömungsrichtung entspricht dem Konzentrationsgefälle.

Die <u>Osmose</u> ist ein Stofftransport gegen das Konzentrationsgefälle und setzt somit voraus, daß es sich bei der Zellmembran um eine semipermeable Membran handelt.

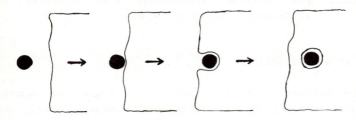

Abb. zu 6.8 Endocytose

Diese beiden passiven Transportmechanismen sind von der Zelle ohne Aufwand von Energie möglich. Um jedoch bestimmte Stoffe zu bestimmten Zeiten aufzunehmen oder abzugeben, muß die Zelle aktiv unter Energieaufwand Transmembrantransporte durchführen. Diese Transporte sind gegen Konzentrationsgefälle, osmotische Unterschiede und elektrische Potentialdifferenzen möglich.
Die zu transportierenden Substanzen werden an sog. Carrier (z.B. Monactin) und Tunnelproteine gebunden und durch die Membran hindurch ins Innere der Zelle gebracht.

Eine weitere Möglichkeit, Stoffe in die Zelle aufzunehmen oder abzugeben, bietet der Einschluß von Stoffen in Membranvesikel.

- Endocytose: Aufnahme von Stoffen in die Zelle
a) Phagocytose: geformte Bestandteile werden vom Plasmalemma durch Einstülpung und anschließender Abschnürung ins Innere der Zelle aufgenommen. Ein solches abgeschnürtes Membranstück bezeichnet man als Vakuole.
b) Pinocytose: hierbei handelt es sich um die Aufnahme von Lösungen ebenfalls durch Membranabschnürung.

- Exocytose: Ausschleusung geformter Bestandteile (Sekretgranula, Hormone, Exkrete) aus der Zelle durch den Einbau von Vakuolen in die Zellmembran.
- Cytopempsis: hierbei werden Stoffe wie oben beschrieben aufgenommen. Sie verbleiben jedoch nicht in der Zelle, sondern werden lediglich durchgeschleust und am anderen Ende mittels Exocytose wieder abgegeben.

6.9 MEMBRANREZEPTOREN

Bestimmte Wirkstoffe wie Hormone und Neurotransmitter können spezifisch an Rezeptoren der Zellmembran gebunden werden, die dann in der Zelle einen bestimmten Vorgang auslösen (z.B. Reizweiterleitung im Nervensystem).

6.10 CYTOPLASMATISCHE MEMBRANSYSTEME UND ZELLORGANELLEN

6.10.1 Endoplasmatisches Retikulum (ER)

In tierischen Zellen findet man ein System von Gängen, welches aus Elementarmembranen gebildet ist, und nennt es endoplasmatisches Retikulum. Es gibt zwei Arten des ER:
- das rauhe oder granuläre ER: an ihm haften auf der Außenseite Ribosomen. An den Ribosomen vollzieht sich die Synthese von exportablem Eiweiß. Besonders dichte Lagen von rauhem ER bewirken eine basophile Zone (sie ist mit basischen Farbstoffen anfärbbar). Man bezeichnet eine solche Zone, die besonders in Drüsenzellen auftritt, als Ergastoplasma (oder als "Nissl-Schollen" in Nervenzellen).
- das glatte oder agranuläre ER: es hat keine Anlagerung von Ribosomen und hat somit auch andere Funktionen. Es bewirkt die gerichtete Leitung von Lösungen in der Zelle, die Speicherung von Stoffen (Lipidtropfen, Glykogen) oder die Ablagerung von Steroidhormonen (wie z.B. in der Nebennierenrinde).

6.10.2 Golgi-Apparat (Golgi-Komplex)

Die funktionelle Einheit des Golgi-Apparates stellt das Dyctiosom dar. Es handelt sich um einen Stapel mehrerer flacher, übereinandergeschichteter Membranen. Ein einzelnes in sich geschlossenes Membranenpaar aus dem Dyctiosom heißt Golgi-Zisterne.

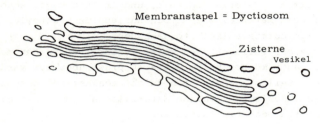

Abb. zu 6.10.2 Golgi-Apparat

In der Zelle findet man mehrere Dyctiosomen, die zusammenfassend als Golgi-Apparat bezeichnet werden.
Die Dyctiosomen zeigen einen polaren Aufbau. Man findet nämlich eine Bildungsseite, die ständig mit neuen Membranteilen vom ER versorgt wird, und eine Abgabeseite. Hier werden Vesikel abgegeben, die entsprechend der Funktion der jeweiligen Zelle bestimmte Substanzen enthalten (Sekrete, Lysosomen). Membranvesikel werden auch zur Erneuerung und Regeneration in die Zellmembran eingebaut. Dieser Einbau von Vesikeln in die Zellmembran ermöglicht die Exocytose. Man findet also in der Zelle einen ständigen Membranfluß.

6.10.3 Lysosomen

Lysosomen sind ebenfalls von einer Einheitsmembran umgeben und stammen aus Dyctiosomen des Golgi-Apparates. Von diesen Membranen werden zahlreiche Enzyme umschlossen. Es handelt sich hierbei vor allem um Hydrolasen.
Die Aufgabe der Lysosomen besteht in der Verdauung von phagocytiertem und zelleigenem Material. Ist der Inhalt der Lyso-

somen noch völlig isoliert, bezeichnet man sie als primäre
Lysosomen. Sind sie jedoch mit phagocytiertem Material zusam-
mengeflossen, treten die Enzyme in Aktion und beginnen mit
der Verdauung. Man bezeichnet sie nun als sekundäre Lysosomen
oder Phagosomen.
Diese unterteilt man nun nochmals in Heterophagolysosomen,
die aufgenommenes Material abbauen, und in Autophagolysosomen,
die zelleigenes Material wie Mitochondrien, Membranteile,
überschüssige Hormonvesikel etc. abbauen.
In den Lysosomen befinden sich keine fettspaltenden Enzyme
(Lipasen). Daher können keine Fette (Lipide) abgebaut werden.
In alternden Zellen sammeln sich durch nachlassende Enzymak-
tivität Reste des aufgenommenen Materials in Form von sog.
Alterspigmenten oder Lipofuscin an.

6.10.4 Peroxisomen (Microbodies)

Sie sind ebenfalls von einer Einheitsmembran umgeben und beinhalten granuläre Zusammenschlüsse von Enzymen (z.B. tätig
beim Harnsäureabbau: Urikinase und D-Aminosäureoxidase bilden
Wasserstoffperoxid H_2O_2; Katalase spaltet H_2O_2).

6.10.5 Mitochondrien

Mitochondrien besitzen eine äußere und eine innere Membran.
Die Oberfläche der inneren Membran wird durch verschiedenar-
tige Einstülpungen (Falten = Cristae, Röhren = Tubuli, Säck-
chen = Sacculi) vergrößert. Durch diese Veränderungen wird
die Oberfläche der inneren Membran reversibel vergrößert.

Durch die zwei Membranen entstehen zwei Kompartimente: der
Intercristae-Raum zwischen den Membranen und der Matrix-Raum
im Innern des Mitochondriums. Auf der Innenfläche der inneren
Membran befinden sich 80-100 Å große, gestielte, kugelförmige
Partikel, sog. Elementarkörperchen, die einen Multienzymkom-
plex darstellen.

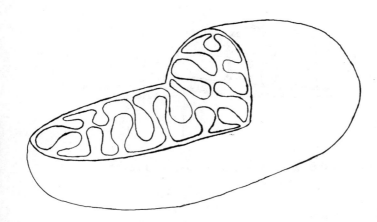

Abb. zu 6.10.5 Aufbau eines Mitochondriums

Hier läuft die Atmungskette ab, als deren Ergebnis ATP (Adenosintriphosphat) hergestellt wird.
Im Matrixraum befinden sich weitere Enzyme, wie die des Citronensäurecyclus und die der β-Oxidation der Fettsäuren.
Weiterhin werden Proteine abgebaut.
In der Matrix findet man ein ringförmiges DNA Molekül, das die Erbinformation für bestimmte Membranproteine des Mitochondriums enthält. Diese Proteinsynthese findet in der Matrix statt, wo ebenfalls Ribosomen vorhanden sind. Mitochondrien können sich auch unabhängig vom Zellzyklus selbständig vermehren.
Die Struktur, Lage und Zahl der Mitochondrien in einer Zelle kann Aufschluß über deren Stoffwechselaktivität geben. So liegen die Mitochondrien bei Zellen mit intensiven Transportvorgängen (z.B. Nierentubuli) dicht an der Membran. In Muskelzellen sind sie zwischen Fibrillenbündel und ER eingelagert, um den Verbrauch von ATP durch Nachschub zu decken.

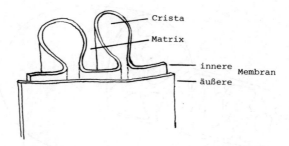

Abb. zu 6.10.5 Aufbau eines Mitochondriums

6.10.6 Ribosomen

Ribosomen sind Zellorganellen ohne Membranaufbau. Im Aufbau bestehen sie aus Ribonucleinsäuren (RNA), die von verschiedenen Proteinmolekülen (globuläre Proteine) eingeschlossen sind. Ein Ribosom besteht aus zwei getrennten Untereinheiten von 40 s und 60 s (s: Sedimentationskonstante, siehe Einheiten). Die Aufgabe der Ribosomen ist die Proteinbiosynthese. Dazu ordnen sich mehrere Ribosomen in Rosettenform an und werden durch messenger-RNA verknüpft. Man bezeichnet sie nun als Polysomen.

Polysomen, die auf Membranen des ER angeheftet sind, synthetisieren nur exportable Proteine. Freie Polysomen, die keine Anheftung zeigen, stellen zelleigene Proteine für den Gebrauch in der Zelle her (z.B. Gerüsteiweiß oder Enzyme). Die r-RNA der Ribosomen ist mit basischen Stoffen anfärbbar. (Vgl. 6.10.1 Ergastoplasma.)

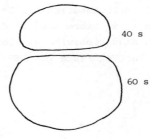

Abb. zu 6.10.6 Aufbau eines Ribosoms

6.10.7 Centriolen

Centriolen sind wichtige Organellen für die Zellteilung. Es handelt sich um einen Hohlzylinder mit 9 Röhren (oder n x 9), die die Außenwand bilden. Sie legen die Polarität der Zelle für die Mitosespindel fest.
Centriolen teilen sich nicht, sondern bauen eine Tochtercentriole aus Proteinsubunits auf. Sie können in der Zelle in beliebiger Zahl gebildet werden. Centriolen sind gleich gebaut wie Basalkörper an der Geißelbasis von Cilien.

6.10.8 Mikrotubuli

Mikrotubuli sind Zellbestandteile aus Proteinuntereinheiten, die jederzeit auf- und abgebaut werden können. Sie sind wichtig für die Zellform von Einzellern und Nervenzellen. Außerdem bilden sie die Spindelfasern für die Zellteilung.

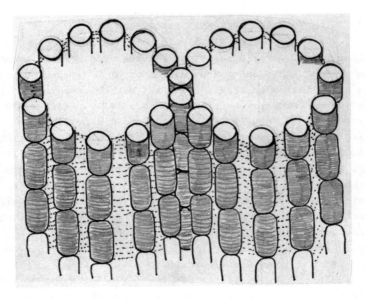

Abb. zu 6.10.8 Aufbau von zwei Mikrotubuli

6.11 ZELLEINSCHLÜSSE

Innerhalb der Zelle findet man auch im Cytoplasma oder in membranbegrenzten Räumen Einlagerungen von Reservestoffen, Pigmenten und Stoffwechselresten. An Reservestoffen sind hauptsächlich Glykogen, Fetttröpfchen und Proteine (kristallin oder als hyaline Tropfen) gespeichert. Bei Pigmenten unterscheidet man in endogene Pigmente, die in den Zellen selbst synthetisiert werden (z.b. Melanin, das in Epidermiszellen zu finden ist und vor UV-Strahlung schützt; Lipofuscin entstammt dem Fettstoffwechsel bei nachlassender Enzymtätigkeit; Hämosiderin ist ein eisenhaltiges Pigment, das beim Hämoglobinabbau entsteht), und in exogene Pigmente, die außerhalb des Körpers entstehen und in Zellen eingelagert werden (z.B. Kohlenstaub, Gesteinsstaub, Farbstoffe).

6.12 OBERFLÄCHENDIFFERENZIERUNGEN

Zellen, die resorptiv tätig sind, zeigen vielmals Vorstülpungen der Zelloberfläche. Man bezeichnet diese Vorstülpungen als Mikrovilli oder Bürstensaum. Auf den resorbierenden Epithelien des Darmtraktes findet man pro Zelle ungefähr 3000 Mikrovilli, die etwa 1,2-15 µm lang und 0,1 µm dick sind. Die Mikrovilli vergrößern die Epitheloberfläche um etwa das 30fache. Eine weitere Oberflächendifferenzierung stellen Cilien dar. Sie kommen meist als sogenanntes Flimmerepithel vor. Das Flimmerepithel dient dem Transport von Substanzen auf der Oberfläche geschlossener Gewebeverbände. Der Transport wird durch eine koordinierte, wellenartige, gerichtete Bewegung ermöglicht (Synchronie des Cilienschlages).
Cilien ermöglichen auch bei Einzelzellen die Fortbewegung, wie z.B. bei einer Spermienzelle.
Weiterhin gibt es modifizierte Cilien zur Reizaufnahme bei Sinneszellen (z.B. Corti Organ des Innenohres: Flüssigkeitsbewegung an den Cilien wird in elektrische Reize umgewandelt).

6.13.1 Zellkern

Der Zellkern zeigt normalerweise Kugel- oder Nierenform. In
gestreckten Zellen (z.B. Bindegewebszellen) findet man auch
Zellkerne von elliptischer Form, die der Zellform angepaßt
sind. In den meisten Zelltypen findet man einen Kern. Bei Leberzellen
kommt es bei ca. 4% vor, daß sie zwei Kerne enthalten.
Die Knochen abbauenden Osteoklasten besitzen bis zu 100
Kernen. Eine weitere Ausnahme stellen die Erythrocyten dar,
die im reifen Zustand keinen Kern mehr besitzen.
Die Kernhülle, die den Kernraum vom Cytoplasma abtrennt, besteht
aus einer Doppelmembran des ER. Daher kann sie an der
cytoplasmatischen Seite auch Ribosomen tragen. Der Raum innerhalb
der Doppelmembran steht mit den Stoffwechselräumen
des ER in Verbindung.
Die Kernmembran ist von zahlreichen Poren durchsetzt, die
einen Verschlußmechanismus besitzen. Durch diese Abgrenzung
hat das Karyoplasma seinen eigenen Ionenhaushalt, der auf die
Aufgaben der Chromosomen abgestimmt ist (hohe Na^+ Konzentration).

6.13.2 Chromosomen

Im Zellkern befinden sich Fäden, die aus DNA und Proteinen
(vor allem Histonen) bestehen. Man nennt sie Chromosomen. Ihre
Länge und ihre Anzahl ist artspezifisch. Im Kern stoffwechselaktiver
Zellen kommen sie weitgehend gestreckt vor. In
Kernen von sich teilenden Zellen findet man sie stärker spiralisiert.
Durch Füllung mit Fixierungsmitteln und anschliessender
Anfärbung kann das DNA-Protein angefärbt werden. Unter
dem Mikroskop zeigt es sich nun als das sog. "Chromatin" =
Kerngerüst, das jedoch nur ein Artefakt ist und nicht den natürlichen
Zustand der Chromosomen wiedergibt.
Im aktiven Arbeitskern liegt das Chromatin in Form eines
weitgehend entspiralisierten "Euchromatins" vor. Im Teilungskern
bezeichnet man es als "Heterochromatin". Es liegt entwe-

der spiralisiert oder gerade sich entspiralisierend vor.
Die DNA windet sich um die kugelförmigen Histone. Das ganze
zeigt Ähnlichkeit mit einer Perlenkette.
Die DNA kann vor der Zellteilung lichtmikroskopisch sichtbar
gemacht werden. Es handelt sich um eine Transportform der DNA,
die man als Chromosom bezeichnet. Es sind zwei fadenförmige
Gebilde, die an einer Stelle miteinander verbunden sind. Die
Verbindungsstelle nennt man Centromer, die beiden fadenförmigen Anteile Chromatiden. Die beiden Chromatiden sind in ihrer
Struktur völlig gleich aufgebaute DNA-Ketten.
Da die DNA Träger der genetischen Information ist, enthalten
beide Chromatiden dieselbe genetische Information.

6.13.3 Nucleolus

In jedem Zellkern sind weiter ein oder mehrere Nucleolen
(Kernkörperchen) vorhanden. Sie verschwinden während der Zellteilung und werden nach der Teilung an bestimmten Chromosomenabschnitten wieder aufgebaut. An diesen Abschnitten sind
in vielfach wiederholten Folgen die Gene von Ribonnucleinsäuren, der r-RNA, lokalisiert. Nucleolen bestehen aus entstehenden Ribosomen und r-RNA.

Kurze Zusammenfassung
Die Zelle ist die kleinste Funktionseinheit. Die Größe ist
jeweils abhängig von der Art- und Gewebespezifität. Jede Zelle ist von einer Plasmamembran umgeben. Der Stoffwechsel wird
durch Diffusion, Osmose und aktive Cytose gewährleistet.

Zellorganellen
rauhes und glattes endoplasmatisches Retikulum: Anhaftung für
Ribosomen, Leitung und Speicherung von Stoffen

Golgi-Apparat: Membranersatz, Vesikelbildung
Lysosomen: Verdauung von phagocytiertem Material
Peroxisomen: Enzymspeicher
Mitochondrien: Atmungskette
Ribosomen: Proteinbiosynthese
Centriolen: Zellteilung
Zellkern enthält Chromosomen und Nucleolen.

7. Funktionen der Zelle

7.1 FUNKTIONELLE BEDEUTUNG DES ZELLKERNS

7.1.1 DNA als Schlüsselsubstanz

Die Desoxiribonucleinsäure (DNA) ist der Träger der genetischen Information. Bei einigen Pflanzen und Viren übernimmt die Ribonucleinsäure (RNA) diese Aufgabe. Um den genetischen Code zu entschlüsseln, ist die genaue Kenntnis des chemischen Aufbaus von DNA und RNA erforderlich.

Die DNA setzt sich durch Verknüpfung von Desoxiribose, Phosphorsäureresten und 4 spezifischen Basen, Adenin (A), Cytosin (C), Guanin (G) und Thymin (T) zu langen Ketten zusammen. Durch die Verknüpfung von Desoxiribose mit einer der Basen entsteht ein <u>Nucleosid</u>: Adenosin (Desoxiribose + Adenin), Cytidin, Guanosin, Thymidin.

Die RNA hat als Zucker die Ribose und ebenfalls 4 Basen: Adenin, Cytosin, Guanin und Uracil (anstatt Thymin bei der DNA).

Die Verknüpfung eines Nucleosids mit einem Phosphatrest bezeichnet man als <u>Nucleotid</u>.

Eine Anzahl von Nucleotiden verbindet sich nun zu einer Polynucleotidkette. Die Verknüpfung zweier Nucleotide findet jeweils an C-3' und C-5' statt.

Zucker + Base = Nucleosid + Phosphatrest

Bausteine DNA = Nucleotid
RNA

Desoxyribose der DNA   Ribose der RNA

Purinbasen:

Grundstruktur des Purins

Adenin

Guanin

Pyrimidinbasen:

Grundstruktur des Pyridin:

Uracil

Thymin

Cytosin

DNA Nucleotid (mit Adenin als Base)

Die DNA besteht aus 2 solcher Polynucleotidketten, die antiparallel verlaufen, d.h. der eine Strang beginnt oben mit C-5', der andere mit C-3', ebenso endet der erste unten mit C-3', der andere mit C-5'.

Die Basen der beiden Ketten verbinden sich gegenseitig über Wasserstoffbrücken. Diese Basenpaarungen sind spezifisch: A verbindet sich mit T, C verbindet sich mit G. Dadurch sind die beiden Ketten zueinander komplementär.

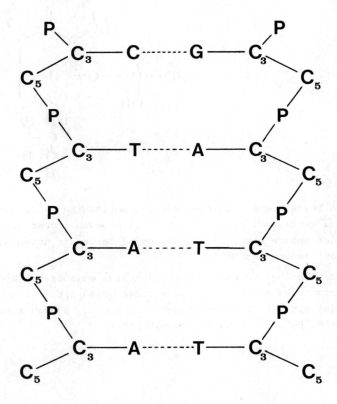

Abb. zu 7.1.1   Schema: Bauplan der DNA

Diese Anordnung führt räumlich zu einer rechtsgewundenen Doppelhelix.

MERKE: Die DNA ist Träger der genetischen Information. Sie besteht aus Desoxyribose, Phosphorsäureresten und 4 spezifischen Basen (Adenin, Cytosin, Guanin und Thymin).

Replikation

Durch die komplementäre Sequenz der 2-Strang-Kette ist eine identische Verdopplung (= Replikation) möglich. Die Ketten trennen sich und jede einzelne dient als Matrize für die Anordnung einer neu zu bildenden komplementären Kette.
An die freien Basen lagern sich entsprechende Nucleotide an und werden auf enzymatischem Wege zu einer Kette verknüpft.
Man bezeichnet diese Art der Replikation als <u>semikonservativ</u>.

Der genetische Code

Ein Gen (substantiell: ein Genort = Locus) ist ein bestimmter Abschnitt des DNA-Moleküls mit einer hohen Zahl von Nucleotidpaaren in einer bestimmten Reihenfolge. Es besitzt eine physiologische Abgrenzung zum nächsten Gen.

Gene haben die Funktion, über Zwischenschritte den Aufbau von Proteinen zu ermöglichen. Die Nucleotidsequenz (also die Sequenz der Basen) stellt die Grundlage für die Reihenfolge der Aminosäuren für das zu bildende Protein-Molekül (Polypeptidmolekül) das.

> Ein Gen ist für den Aufbau nur eines bestimmten Polypeptidmoleküls zuständig.

Die Länge des DNA-Moleküls ist von der Zahl der Gene, die auf ihm lokalisiert sind, abhängig, und damit ist auch die Länge des Chromosoms bestimmt.

Für die Proteinsynthese stehen der Zelle 20 verschiedene Aminosäuren zur Verfügung. Um genau eine Aminosäure zu bestimmen, müßte die Zelle auch 20 verschiedene Basen in der DNA eingebaut haben. Da jedoch nur 4 verschiedene Basen (A, T, C und G) vorkommen, werden jeweils 3 aufeinanderfolgende Basen benötigt, um genau eine Aminosäure zu bestimmen. Eine solche

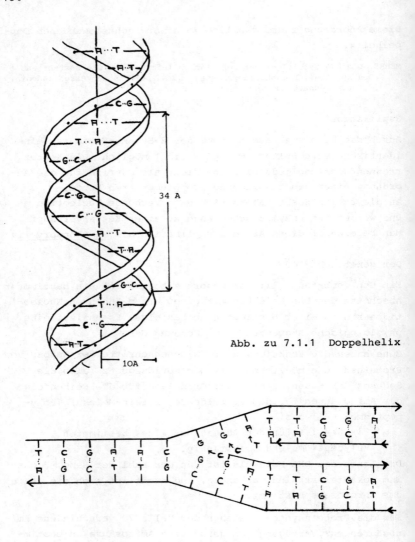

Abb. zu 7.1.1 Doppelhelix

Abb. zu 7.1.1 Schema: Replikation der DNA

funktionelle Dreierfolge, die genau eine Aminosäure codiert, bezeichnet man als Codon oder Triplett. Der Informationsgehalt eines Tripletts ist also der Einbau einer bestimmten Aminosäure bei der Proteinbiosynthese.

Eine Polypeptidkette besteht aus ca. 100 - 300 Aminosäuren, für deren Codierung auf der DNA 100 - 300 aufeinanderfolgende Tripletts vorhanden sind. Ein solcher Abschnitt des DNA-Moleküls ist also ein Gen.

Die Länge des DNA-Moleküls ist von der Zahl der Gene, die auf ihm lokalisiert sind, abhängig. Damit ist auch die Länge des Chromosoms bestimmt. Die Gesamtmenge an DNA in einem Kern einer Säugetierzelle beträgt etwa $6 \cdot 10^{-12}$ g. Das entspricht $6 \cdot 10^9$ Nucleotidpaarungen.

MERKE: Eine Aminosäure wird durch jeweils 3 aufeinanderfolgende Basen codiert. Diese Dreierfolge bezeichnet man als Codon oder Triplett.

7.1.2 Primäre Genwirkung und Genaktivität

Die Weitergabe der Information der DNA ins Cytoplasma und die dort ablaufende Produktion von Proteinen geschieht mittels der Ribonucleinsäure (RNA). Die RNA unterscheidet sich in drei Punkten von der DNA:

- sie hat als Zucker Ribose (anstelle von Desoxiribose) (siehe 7.1.1)
- statt Thymin ist die Base Uracil (U) eingebaut
- sie liegt nur einsträngig vor

In der Zelle finden wir drei Arten von RNA:

    m - RNA   (messenger-RNA)
    t - RNA   (transfer-RNA)
    r - RNA   (ribosomale RNA)

Transcription

Die Übertragung der DNA-Information erfolgt mittels der m-RNA. Sie wird direkt am DNA-Strang von dessen 5'-Ende her komplementär aufgebaut. Der DNA-Strang wird also kopiert. Die Synthese läuft mit einer Geschwindigkeit von 40 Nucleotiden/sec ab. Der m-RNA-Strang stellt eine Negativ-Form des DNA-Stranges dar und gelangt ins Cytoplasma.

An einem Chromosom sind jedoch nicht alle Gene gleichzeitig und ständig aktiv. Die Aktivität kann jedoch durch die Einwirkung von Hormonen (z.B. Östrogenen) angeregt werden. Um die Synthese eines Proteins in großer Menge zu erreichen, sind dieselben Gene auf einem Chromosomen mehrfach hintereinander angelegt. Man bezeichnet sie als redundante Gene.

MERKE: Die Übertragung der genetischen Information ins Cytoplasma erfolgt mit Hilfe einer der DNA identisch kopierten m-RNA.

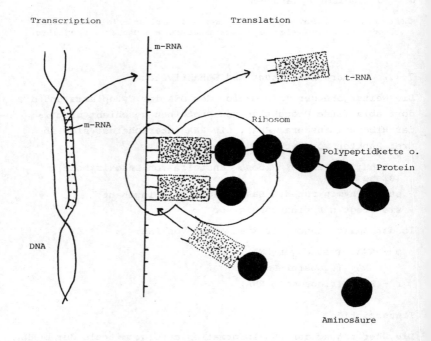

Abb. zu 7.1.2 und 7.2 Übersicht über Transcription und Translation

7.2 PROTEINBIOSYNTHESE ALS GRUNDLAGE FÜR ZELLWACHSTUM, ZELLTEILUNG UND FUNKTIONELLE LEISTUNGEN

Translation

Als Translation bezeichnet man die eigentliche Proteinsynthese. Notwendig hierfür sind die m-RNA und die Ribosomen.
Die t-RNA dient dem Transport von Aminosäuren. Sie besitzt an einem Ende ein sog. Anticodon, am anderen Ende sitzt eine dem Anticodon entsprechende Aminosäure (siehe Abb.).
Die aus dem Zellkern kommende m-RNA tritt mit den 40 s Untereinheiten der Ribosomen zusammen. Nun lagert sich eine t-RNA mit entsprechendem Anticodon am Codon der m-RNA an. Die t-RNA mit der spezifischen Aminosäure entsprechen nun dem Codon der m-RNA (und somit auch dem Codon der DNA!).

Die 60 s Ribosomen-Untereinheit kommt nun dazu und macht das Ribosom einsatzbereit. Das Ribosom hat zwei Anlagerungsplätze für die t-RNA. Eine zweite - der m-RNA entsprechende - t-RNA lagert sich an. Das Ribosom verknüpft die beiden Aminosäuren durch eine Peptidbindung.
Die m-RNA wandert am Ribosom entlang und läßt so eine Polypeptidkette entstehen.
Ist der Syntheseprozeß beendet, lösen sich m-RNA, t-RNA und die entstandene Polypeptidkette vom Ribosom. Die Ribosomen besitzen eine lange Lebensdauer und können für weitere Syntheseprozesse weiterverwendet werden. Die m-RNA zerfällt jedoch sehr rasch (Minuten bis wenige Stunden). Durch diesen Zerfall wird verhindert, daß sich in der Zelle die Synthese einer bestimmten Polypeptidkette ständig wiederholt.
Der Grad der Differenzierung einer Zelle wird durch ihre Genaktivität bestimmt. D.h. die Ausprägung eines bestimmten Zelltyps geschieht durch die bevorzugte Aktivierung von wenigen Genen. Bei einer Zelle, die vorwiegend Sekrete (Proteine mit Enzymcharakter) produziert, werden fast nur diejenigen Gene abgelesen, die für diese Produktion verantwortlich sind. Die restlichen Gene sind natürlich vorhanden, aber bleiben inaktiv.

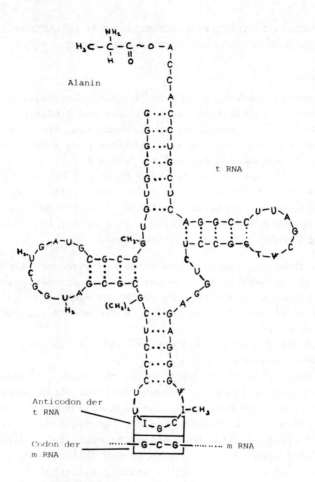

Abb. zu 7.2 t-RNA der Aminosäure Alanin

Anders differenzierte Zellen produzieren beispielsweise vor allem Proteine ohne Enzymcharakter (Hämoglobin, Peptidhormone, Muskeleiweiße), Gerüsteiweiße (Schleimstoffe, Keratin, Kollagen) oder Antigene.

Werden diese Gene, die die Herstellung von Produkten für
funktionelle Leistungen ermöglichen, inaktiviert, kommt dies
einer Entdifferenzierung der Zelle gleich. Die zunehmende
Entdifferenzierung ist ein Zeichen für die zunehmende Bereit-
schaft zur Zellteilung.

MERKE: Die m-RNA tritt mit dem Ribosom zusammen. Es lagern sich ständig
zur m-RNA spezifische t-RNA an. Die Aminosäuren werden zu einer Polypeptidkette verknüpft.

7.3 ZELLTEILUNG (MITOSE UND ZYTOKINESE)
INTERMITOSE-ZYKLUS (INTERPHASE)

Die Voraussetzung für eine Zellteilung ist das Wachstum der
jeweiligen Zelle. Dies ist das Ergebnis der Synthese von
zelleigenem, nicht exportablem Protein.
Eine wachsende Zelle durchläuft bis zur Teilung in zwei Tochterzellen physiologisch unterschiedliche Phasen:

G_1-Phase

S-Phase

G_2-Phase

Abb. zu 7.3

Nicht mehr teilungsfähige Zellen oder Zellen, die sich über
einen längeren Zeitraum nicht teilen, verbleiben in der G_1-
Phase. In diesem Fall bezeichnet man diese Phase als G_0-Phase.
Solche Zellen findet man beispielsweise in ruhenden Blastemen
(Reservegeweben) wie z.B. in den Haarfollikeln.

G_1-Phase

Die G_1-Phase ist die Wachstumsphase der Zelle. Nach Abschluß der Teilung wird nun die Proteinsynthese wieder aufgenommen. Die Zelle bereitet sich also schon wieder auf eine erneute Teilung vor. Proteine für den Verteilungsapparat der Chromosomen (Spindel) werden als Subunits synthetisiert. Weiterhin entstehen Enzyme für die Vermehrung der DNA und Histone, die die DNA umschließen. Schließlich werden noch Centriolen aufgebaut. Die Länge der G_1-Phase ist sehr variabel.

S-Phase

In der S-Phase erfolgt die Verdoppelung der DNA (Replikation). Dieser Prozeß dauert bei einer Säugetierzelle etwa 7-8 Stunden. Nach der S-Phase hat sich die Menge an DNA im Zellkern verdoppelt. Die Chromosomen bestehen aus zwei Untereinheiten, den Chromatiden, die identisch aufgebaut sind (DNA-Doppelstrang). Die Replikation läuft nun jedoch nicht von einem Ende zum anderen des Chromosoms ab, sondern nach einem charakteristischen Synthesemuster pro Chromosom. Die DNA-Synthese beginnt an mehreren Stellen zugleich. Ein Chromosom besteht also aus einer Anzahl von Replikationseinheiten, die man als Replikon bezeichnet.
Die einzelnen Teile werden anschließend miteinander verknüpft. Man nennt dies eine asynchrone DNA-Synthese.
Der Aufbau neuer DNA kann durch umweltbedingte Einflüsse wie UV-Licht, ionisierende Strahlen oder besondere Chemikalien gestört werden. Derartige Fehler können im neugebildeten Chromosom nach Abschluß der S-Phase durch Reparaturenzyme in mehreren Schritten beseitigt werden. Gelingt dies jedoch nicht, so treten Veränderungen im Erbmaterial auf.

G_2-Phase

Die G_2-Phase geht der Teilungsphase unmittelbar voran. In der Zelle sind alle Voraussetzungen vorhanden, sofort in eine Teilung einzugehen. Die Teilungsbereitschaft der Zelle kann durch Außenfaktoren, wie z.B. Temperaturschock, stimuliert werden. Man erreicht damit in Zellkulturen eine Synchronie der Teilungsauslösung.

MERKE: Eine wachsende Zelle durchläuft bis zur Teilung unterschiedliche Phasen:
G_1-Phase - Wachstumsphase
S-Phase - Replikation der DNA
G_2-Phase - Teilungsbereitschaft

7.3.1 Mitose = Kernteilung

Als Mitose bezeichnet man den Vorgang, in dem die Verteilung des vorher replizierten und nun doppelt vorhandenen Chromosomen-Materials erbgleich auf die Tochterzellen vollzogen wird. Man unterteilt die Kernteilung in mehrere Phasen:

Prophase

Die Chromatiden werden spiralisiert, um eine physiologisch inaktive Transportform zu erhalten. Außerdem wandern die Centriolen zu den Zellpolen und legen damit die Polarität (Teilungsrichtung) der Zelle im Gewebe fest. Das Ende der Prophase kündet sich durch die beginnende Auflösung der Kernhülle und der Nukleolen an.

Metaphase

Die Kernhülle wird aufgelöst, und die Zelle zeigt damit den Beginn der Metaphase an. Die eng spiralisierten Chromosomen kommen etwa in der Mitte der Zelle im Cytoplasma zu liegen. Diese Zellmitte wird als Äquatorialebene bezeichnet (Ebene zwischen den beiden Polen). Zwischen den Centriolen bildet sich der Bewegungsapparat aus. Es handelt sich um Spindelfasern, die aus Mikrotubuli aufgebaut werden. Ein Teil der Tubuli sitzt am Centromer des Chromosoms. Das Centromer ist die Stelle des Chromosoms, an der die beiden homologen Chromatiden zusammengehalten werden. Durch Faserzug werden die Chromosomen genau in die Äquatorialebene bewegt. In diesem Stadium kann die weitere Bewegung der Chromosomen durch Colchizin unterbunden werden. Colchizin ist ein synthetischer

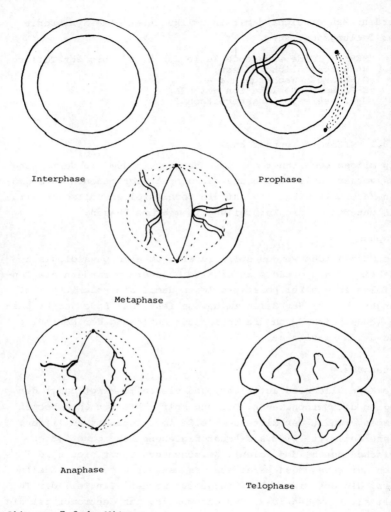

Abb. zu 7.3.1 Mitose

pflanzlicher Stoff. Es verbindet sich mit den Subunits der
Spindel und verhindert ihre Polymerisation zu funktionsfähigen Tubuli. Man bezeichnet den Vorgang als C-Metaphase. Damit

ist die Möglichkeit gegeben, eine kurzfristige Synchronisation von Zellen zu erreichen und gut sichtbare Chromosomen in zahlreichen Zellen zur Chromosomenanalyse zu erhalten.

Bei Zellen, die das Centromer verlieren (und damit den Ansatzpunkt für die Tubuli), können Chromosomen nicht mehr ordnungsgemäß verteilt werden. Die Verteilung erfolgt zufällig bei der Zellzerschnürung. Dadurch entstehen Zellenveränderungen im Chromosomenbestand.

Anaphase

In der Anaphase, die etwa 2-20 Minuten dauert, teilen sich die Centromeren und geben damit die Chromatiden für eine Trennung frei. Die Spindelfasern verkürzen sich relativ schnell und bewirken, daß sich die Chromatiden zu den jeweiligen Zellpolen bewegen. Jeder Zellpol enthält den diploiden Satz von Chromatiden.

Telophase

Durch die Entspiralisierung der Chromatiden, der Rekonstruktion einer Kernhülle und der Bildung von Nukleolen entstehen an beiden Zellpolen je ein neuer Arbeitskern. Mit der Entspiralisierung nimmt die RNA-Synthese wieder meßbar zu. Kurz danach steigt auch die Proteinbiosynthese im Cytoplasma wieder an.

7.3.2 Cytokinese = Zellteilung

Normalerweise setzt kurz vor Abschluß der Kernteilung die Zellteilung ein. Jedoch muß eine Kernteilung die Zellteilung nicht automatisch auslösen.
Es können auch mehrkernige Zellen entstehen. So sind die mehrkernigen Osteoklasten physiologisch normal, Fremdkörper-Riesenzellen jedoch pathologisch.

Die Zellteilung wird durch die Anlagerung von ringförmig angeordneten Systemen von Fibrillen aus Aktin und Myosin eingeleitet. Sie befinden sich am Zelläquator und beginnen sich zu kontrahieren. Außer den Chromatiden und den Centriolen werden alle Zellbestandteile bei der Zerschnürung des Zelleibes zufallsmäßig verteilt. Ihre Ergänzung erfolgt in der G_1-Phase. Reste der Spindel können im Zentrum der Zelle der Durchschnürung widerstehen und somit eine Zellbrücke bilden. Man bezeichnet diese Brücke als Flemming-Körper. Dadurch läuft die Entwicklung dieser Zellen weiterhin synchron (z.B. die Reifung von männlichen Geschlechtszellen).

MERKE: Die Zellteilung unterscheidet man in Mitose und Cytokinese. In der Mitose werden die doppelt vorhandenen Chromsomen verteilt. In der Cytokinese teilt sich auch der Zellkörper unter Aufnahme einer Kernhälfte.

7.4 ENDOMITOSE

Besonders spezialisierte Zellen (z.B. Osteoklasten) verdoppeln ihren Chromosomensatz ohne nachfolgende Mitose. Ein derartiger Vorgang wird Endomitose genannt. Das Ergebnis von Endomitosen ist die Vervielfachung des diploiden Chromosomensatzes (= Polyploidie). Eine Endomitose führt zu einer Vergrößerung der Zelle als Folge der Vergrößerung des Kernvolumens. Die Syntheseleistung einer solchen Zelle wird dadurch erhöht.

7.5 AMITOSE

Als Amitose bezeichnet man eine Kernzerschnürung ohne Auflösung der Kernhülle und ohne Beteiligung einer Spindel im Cytoplasma.

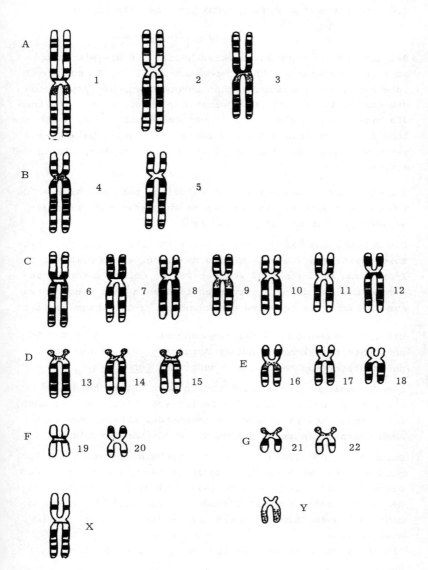

Abb. zu 7.6 Karyogramm

7.6 CHROMOSOMEN HÖHERER ORGANISMEN AM BEISPIEL DES MENSCHEN

Bei der Untersuchung von Erbkrankheiten ist die mikroskopische Untersuchung der Chromosomen unerläßlich. In der Regel untersucht man die menschlichen Chromosomen aus Lymphocyten des strömenden Blutes. Nach einer Kurzkultivierung mit einem die Mitose anregenden Stoff (Phytohämagglutinin) wird die Mitose in der Metaphase durch Colchizin gestoppt. Danach kann man die Chromosomen mikroskopisch sichtbar machen, zählen und differenzieren.

Eine Chromosomenauswertung ist natürlich auch aus anderen Geweben, besonders aus Zellen des Knochenmarks oder Bindegewebszellen (Fibroblasten), möglich.

Die menschlichen Körperzellen besitzen einen diploiden Chromosomensatz von 2 n = 46 Chromosomen. Bei einem weiblichen Individuum findet man 23 solcher Paare, da das Geschlechtschromosom (XX) doppelt vorhanden ist. Beim Mann finden sich nur 22 Paare, da der Mann ein X und ein Y-Chromosom besitzt.

Die Chromosomen der 22 Chromosomenpaare, die bei beiden Geschlechtern vorkommen, heißen <u>Autosomen</u>. Die beiden Geschlechtschromosomen X und Y nennt man <u>Gonosomen</u>.

Die Chromosomen lassen sich voneinander unterscheiden in ihrer Länge und der Lage des Centromers. Färbt man sie nach der Giemsa- und Fluorescenzfärbemethode, erkennt man auch noch charakteristische Bandenmuster (G- und Q-Banden).

Durch diese Möglichkeiten der Unterscheidung werden die Chromosomen unter Berücksichtigung ihrer Länge und der Lage des Centromers in 7 Gruppen unterteilt. Liegt das Centromer in der Mitte, nennt man ein Chromosom metazentrisch, liegt es mehr nach außen hin, so nennt man es akrozentrisch (siehe Abb. zu 1.2).

Die Chromosomengruppen bezeichnet man mit A, B, C, D, E, F und G.

Gruppe A enthält 3 Chromosomenpaare, B2, C7, D3, E3, F2, G2.

Das X-Chromosom ist metazentrisch und sieht wie ein Chromosom der Gruppe C aus.

Das Y-Chromosom ist klein und akrozentrisch und sieht aus wie der Chromosom der Gruppe G. Nach Fluorescenzfärbung zeigt sich jedoch, daß dessen langer Arm im distalen Bereich wesentlich stärker fluoresziert.

Benutzte Einheiten

Teile von Basisgrößen

m - milli (10^{-3})   Länge: Meter m
μ - mikro (10^{-6})   Å :   Angström
n - nano (10^{-9})   Längeneinheit 1 Å = 10^{-10} m

S = Sedimentationskonstante in Svedberg-Einheiten

1 S = 10^{-13} sec

Die Sedimentationskonstante charakterisiert das Verhalten von Makromolekülen und kleinen Organellen in der Ultrazentrifuge.

ERKLÄRUNG DER AUFGABENTYPEN

Aufgabentyp A1 und A2: Einfachauswahl

Erläuterung: Auf eine Frage oder unvollständige Aussage folgen bei diesem Aufgabentyp 5 mit (A) – (E) gekennzeichnete Antworten oder Ergänzungen, von denen Sie eine einzige auswählen sollen, und zwar

| entweder | die einzig richtige |
| oder | die beste von mehreren möglichen. |

Lesen Sie immer alle Antwortmöglichkeiten durch, bevor Sie sich für eine Lösung entscheiden.

Aufgabentyp A3: Einfachauswahl

Erläuterung: Diese Aufgaben sind so formuliert, daß Sie aus den angebotenen Alternativen jeweils die einzig *nicht* zutreffende wählen sollen.

Aufgabentyp B: Aufgabengruppe mit gemeinsamem Antwortangebot
  – Zuordnungsaufgaben –

Erläuterung: Jede dieser Aufgabengruppen besteht aus:

a) einer Liste mit numerierten Begriffen, Fragen oder Aussagen (Liste 1 = Aufgabengruppe)
b) einer Liste von 5 durch die Buchstaben (A) – (E) gekennzeichneten Antwortmöglichkeiten (Liste 2).

Sie sollen zu jeder numerierten Aufgabe der Liste 1 aus der Liste 2 die eine Antwort (A) – (E) auswählen, die Sie für zutreffend halten oder von der Sie meinen, daß sie im engsten Zusammenhang mit dieser Aufgabe steht.

Bitte beachten Sie, daß jede Antwortmöglichkeit (A) – (E) auch für mehrere Aufgaben der Liste die Lösung darstellen kann.

Aufgabentyp C: Kausale Verknüpfung

Erläuterung: Dieser Aufgabentyp besteht aus drei Teilen:

    Teil 1:   Aussage 1
    Teil 2:   Aussage 2
    Teil 3:   Kausale Verknüpfung (weil)

Jede der beiden Aussagen kann unabhängig von der anderen richtig oder falsch sein. Wenn beide Aussagen richtig sind, so kann die Verknüpfung durch „weil" richtig oder falsch sein. Entnehmen Sie den richtigen Lösungsbuchstaben nach Prüfung der einzelnen Teile dem nachfolgenden Lösungsschema:

Antwort	Aussage 1	Aussage 2	Verknüpfung
A	richtig	richtig	richtig
B	richtig	richtig	falsch
C	richtig	falsch	–
D	falsch	richtig	–
E	falsch	falsch	–

Aufgabentyp D: Aussagekombination

Erläuterung: Bei diesem Aufgabentyp werden mehrere, durch eingeklammerte Zahlen gekennzeichnete Aussagen gemacht. Wählen Sie bitte die zutreffende Lösung unter den 5 vorgegebenen Aussagenkombinationen (A) – (E) aus.

Original-Prüfungsfragen zur Biologie

Genetik

1 LZ 1.1
Aufgabe der Meiose ist es
   (1) sicherzustellen, daß die Chromosomenzahl in den Keimzellen, verglichen mit den Körperzellen, auf die Hälfte reduziert wird
   (2) zu bewirken, daß jede Keimzelle eines von den beiden homologen Chromosomen bekommt
   (3) eine möglichst große Vielfalt an Keimzellen herzustellen
   (4) eine möglichst große Zahl an Keimzellen zu erzeugen

(A) nur 1, 2 und 3 sind richtig
(B) nur 1, 2 und 4 sind richtig
(C) nur 1, 3 und 4 sind richtig
(D) nur 2, 3 und 4 sind richtig
(E) 1-4 = alle sind richtig

2 LZ 1.1.1
Welche Aussage trifft zu? - In der Spermatogenese liegt die letzte DNA-Synthese-Phase (S-Phase)

(A) zwischen 1. und 2. meiotischer Teilung
(B) im reifen Spermium
(C) während der 1. meiotischen Teilung
(D) vor Beginn der 1. meiotischen Teilung
(E) unmittelbar nach der 2. meiotischen Teilung

3 LZ 1.1.1 und 1.1.3
Wann findet die Replikation für die 2. Reifeteilung statt?

(A) während der S-Phase vor der 1. Reifeteilung
(B) während einer G_1-Phase vor der 1. Reifeteilung
(C) während einer G_1-Phase zwischen der 1. und der 2. Reifeteilung
(D) während einer S-Phase zwischen der 1. und der 2. Reifeteilung
(E) während einer Telophase der 1. Reifeteilung

4   LZ 1.2
    Welche Aussage trifft nicht zu? - Folgen von Chromosomenfehlverteilungen können sein

    (A) Erbkrankheiten mit Mendelschem Erbgang
    (B) Schwachsinn
    (C) Fehlgeburten
    (D) Störungen der Geschlechtsentwicklung
    (E) multiple Mißbildungen

5   LZ 1.2
    Chromosomenfehlverteilungen während der Furchungsteilungen führen zu

    (A) dominanten Neumutationen
    (B) Unfruchtbarkeit der Frau
    (C) dem Auftreten von Chromosomen-Mosaiken
    (D) vermehrt auftretenden männlichen Zygoten
    (E) dem Auftreten eineiiger Zwillinge

6   LZ 1.3
    Crossing-over erfolgt

    (A) während der letzten Spermatogonien-Mitose
    (B) während der 1. meiotischen Teilung
    (C) in der Interphase zwischen 1. und 2. meiotischer Teilung
    (D) in der 2. meiotischen Teilung
    (E) nach der 2. meiotischen Teilung

7   LZ 1.3
    Wieviele Chromosomen hat der haploide Satz des Menschen?

    (A) 22   (D) 46
    (B) 23   (E) 48
    (C) 44

8   LZ 1.3
    Welche Aussage trifft nicht zu? - Ein Gen

    (A) besteht aus einem best. Abschnitt eines DNA-Moleküls
    (B) wird bei numerischen Chromosomenaberrationen verändert
    (C) kann für die Synthese eines best. Polypeptids zuständig sein
    (D) enthält eine hohe Zahl von Nukeotiden
    (E) ist gemeinsam mit anderen Genen auf einem Chromosom angeordnet

9 LZ 1.5
Welche Aussage trifft nicht zu? - Folgende Veränderungen sind strukturelle Chromosomenaberrationen

(A) Robertson'sche Translokation (zentrische Fusionen)
(B) Trisomien
(C) reziproke Translokationen
(D) Deletionen
(E) Inversionen

10 LZ 1.5
Bei einer zentrischen Fusion verringert sich die Anzahl der Chromosomen,
weil
bei einer zentrischen Fusion aus zwei akrozentrischen Chromosomen ein metazentrisches Chromosom entsteht.

Antwort	Aussage 1	Aussage 2	Verknüpfung
A	richtig	richtig	richtig
B	richtig	richtig	falsch
C	richtig	falsch	–
D	falsch	richtig	–
E	falsch	falsch	–

11 LZ 1.6
Welche Aussage trifft zu? - Abweichung vom 3. Mendelschen Gesetz (dem Unabhängigkeitsgesetz) werden beobachtet, wenn

(A) das eine der beiden Gene auf dem X-Chromosom, das andere auf einem Autosom gelegen ist
(B) das eine der betrachteten Gene ein Letalfaktor ist
(C) das eine der beiden Gene dominant, das andere rezessiv ist
(D) die beiden betrachteten Gene auf dem gleichen Chromosom relativ eng benachbart sind
(E) die beiden betrachteten Gene in die gleiche Genwirkkette eingreifen

12 LZ 1.6
Das dritte Mendel'sche Gesetz (Unabhängigkeitsgesetz) trifft zu, wenn

(A) zwei Gene verschiedene, voneinander unabhängige biochemische Syntheseschritte kontrollieren
(B) zwei Gene auf verschiedenen Chromosomen lokalisiert sind
(C) multiple Allelie besteht
(D) zwei Gene auf dem gleichen Chromosom eng beieinander liegen
(E) Es trifft ausnahmslos in jedem Fall zu

13 LZ 1.6
Kreuzt man die Homozygoten zweier verschiedener Allele des gleichen Genlocus miteinander, so gilt für die Nachkommen der F_1-Generation

(1) Sie sind untereinander genetisch identisch bezüglich dieses Genlocus
(2) Sie sind genotypisch mit einem der Eltern identisch
(3) Sie sind heterozygot
(4) Sie zeigen eine Aufspaltung 1:2:1
(5) Ihr Genotyp bezüglich dieses Genlocus weicht von den Genotypen beider Eltern ab

(A) nur 2 und 4 sind richtig
(B) nur 3 und 5 sind richtig
(C) nur 1, 3 und 5 sind richtig
(D) nur 1, 4 und 5 sind richtig
(E) nur 1, 2, 4 und 5 sind richtig

14 LZ 1.6
Welche Aussage trifft nicht zu? - Folgen von Chromosomen-Fehlverteilungen können sein:

(A) Erbkrankheiten mit Mendelschem Erbgang
(B) zerebrale Fehlbildung
(C) Fehlgeburten
(D) Störungen der Geschlechtsentwicklung
(E) multiple Mißbildungen

15 LZ 1.7
Die MN-Blutgruppen wurden durch ein kodominantes Allelenpaar determiniert. Welche der folgenden Kombinationen Kind-Mutter-Vater ist genetisch unmöglich?

	Kind	Mutter	Vater
(A)	MM	MM	MN
(B)	MN	MN	MN
(C)	MN	MM	NN
(D)	NN	MN	MN
(E)	NN	MN	MM

16 LZ 1.7
Die Blutgruppen MN werden durch kodominante Allele determiniert. Eine Mutter hat die Blutgruppe M, ihr Kind die Blutgruppe MN. In einem Vaterschaftsverfahren stehen drei Männer zur Auswahl. Wer kommt als Vater in Frage?

(1) Mann mit Blutgruppe M
(2) Mann mit Blutgruppe MN
(3) Mann mit Blutgruppe N

(A) keine Aussage trifft zu
(B) nur 2 ist richtig
(C) nur 1 und 3 sind richtig
(D) nur 2 und 3 sind richtig
(E) 1-3 = alle sind richtig

17 LZ 1.7
Welche Aussagen über das ABO-System sind richtig?

(1) Es gibt drei Allele A, B und O
(2) A und B verhalten sich kodominant
(3) O ist dominant über A und B
(4) A ist dominant über B und O
(5) B ist dominant über A und O

(A) nur 1 ist richtig
(B) nur 1 und 2 sind richtig
(C) nur 1 und 3 sind richtig
(D) nur 1 und 4 sind richtig
(E) nur 1 und 5 sind richtig

18 LZ 1.8
Welche Aussage trifft nicht zu? - Bei autosomal-dominantem Erbgang eines seltenen Allels (etwa eines Erbleidens) gilt in der Regel (wenn keine Neumutation vorliegt)

(A) die Übertragung ist unabhängig vom Geschlecht
(B) Das Aufspaltungsverhältnis der Phänotypen ist 3 Gesunde zu 1 Kranker
(C) Werden Homozygote beobachtet, so pflegen sie in der Regel besonders schwer betroffen zu sein
(D) Ein Elternteil ist heterozygot für dieses seltene Allel
(E) Durchschnittlich die Hälfte der Kinder ist auch heterozygot

19 LZ 1.8
Welches sind die formalen Merkmale des regelmäßig autosomal-dominanten Erbganges beim Menschen?

(1) Übertragung im allgemeinen von einem Elternteil auf durchschnittlich die Hälfte der Kinder
(2) Unabhängig vom Geschlecht
(3) Aufspaltungsverhältnis 1.Kranker : 3 Gesunde
(4) Das Risiko des nächsten Kindes ist unabhängig davon, wieviele Kinder schon erkrankt sind

(A) nur 2 ist richtig
(B) nur 2 und 3 sind richtig
(C) nur 1, 2 und 4 sind richtig
(D) nur 1, 3 und 4 sind richtig
(E) 1-4 = alle sind richtig

20 LZ 1.8
Welche der folgenden Aussagen über das ABO-Blutgruppensystem sind richtig?

(1) Es wird durch die Allele A, B, O determiniert.
(2) Die Allele A und B verhalten sich kodominant zueinander.
(3) Die drei Allele verhalten sich kodominant zueinander.
(4) Allel A ist dominant über B.
(5) Allel O manifestiert sich nur in homozygotem Zustand.

(A) nur 1 und 2 sind richtig
(B) nur 1 und 5 sind richtig
(C) nur 2 und 3 sind richtig
(D) nur 1, 2 und 5 sind richtig
(E) nur 1, 4 und 5 sind richtig

21 LZ 1.10
Welchen Phänotyp weisen die Kinder einer gesunden Mutter und eines kranken Vaters auf, wenn die Krankheit durch ein X-chromosomal-dominantes Allel bedingt ist?

(A) Alle Kinder sind krank
(B) Alle Töchter sind gesund, alle Söhne sind krank
(C) Je eine Hälfte aller Söhne und Töchter ist gesund, die andere Hälfte ist krank
(D) Alle Kinder sind gesund
(E) Alle Söhne sind gesund, alle Töchter sind krank

22 LZ 1.10
Das X-Chromosom des Menschen enthält im Vergleich zum Y-Chromosom

(A) nur wenige, dominante und rezessive Gene
(B) nur wenige, ausschließlich dominante Gene
(C) relativ mehr, ausschließlich dominante Gene
(D) relativ mehr, dominante und rezessive Gene
(E) wenige, ausschließlich rezessive Gene

23 LZ 1.10
Bei X-chromosomal dominantem Erbgang einer seltenen Erbkrankheit

(1) können in der Regel nur Frauen erkranken
(2) haben Söhne und Töchter erkrankter heterozygoter Frauen ein Risiko von 50%, das mutierte Gen zu erben
(3) kann das mutierte Gen niemals vom Vater auf die Söhne vererbt werden
(4) erbt jede Tochter das mutierte Gen, wenn der Vater Genträger ist

(A) nur 1 ist richtig
(B) nur 2 ist richtig
(C) nur 2 und 4 sind richtig
(D) nur 2, 3 und 4 sind richtig
(E) 1-4 = alle sind richtig

24 LZ 1.12
Von multipler Allelie spricht man, wenn
(A) Gene in einer Kopplungsgruppe sehr eng benachbart lokalisiert sind
(B) ein Gen mehrere Merkmale in der Ausprägung beeinflußt
(C) ein Gen in einer Population in mehreren mutierten Formen vorkommt
(D) ein Merkmal durch das Zusammenwirken mehrerer Gene zustande kommt
(E) mehrere Mutationen innerhalb eines Genes in einem DNA-Molekül vorliegen

25 LZ 1.12
Multifaktorielle Vererbung bedeutet

(A) Hemizygotie
(B) Dominanz eines Gens über mehrere rezessive Gene
(C) multiple Allelie
(D) Wirkung mehrerer Gene auf ein Merkmal
(E) Wirkung eines Gens auf mehrere Merkmale

26 LZ 1.15
Genmutationen
   (1) treten meist spontan (ohne erkennbaren Grund) auf
   (2) lassen sich unter dem Lichtmikroskop an der DNA erkennen
   (3) führen zu Änderungen in der Basensequenz und damit der genetischen Information
   (4) sind letztlich alle durch ionisierende Stahlen verursacht
   (5) können nur in Keimzellen vorkommen

(A) nur 1 und 3 sind richtig
(B) nur 1 und 5 sind richtig
(C) nur 2 und 4 sind richtig
(D) nur 1, 3 und 5 sind richtig
(E) nur 3, 4 und 5 sind richtig

27 LZ 1.15
Welche Aussage trifft nicht zu? - Der Träger einer in der Keimzelle eines seiner Eltern entstandenen dominanten Neumutation

(A) ist selbst Träger des dominanten Merkmals
(B) gibt das mutierte Gen an durchschnittlich die Hälfte seiner Kinder weiter
(C) trägt die Mutation in heterozygotem Zustande in allen seinen Körperzellen
(D) hat häufig Geschwister, die das Merkmal ebenfalls aufweisen
(E) hat Eltern, die von dem Merkmal frei sind

28 LZ 1.20.1
Letalfaktoren werden wirksam

(A) nur bei geschlechtsgebundenem Erbgang
(B) bei adulten Organismen
(C) in der 'kritischen Phase' (teratogenetisch sensiblen Phase) während der Entwicklung
(D) nur bei Eintritt der Geschlechtsreife
(E) nur bei Dominanz des betreffenden Erbfaktors

29 LZ 1.20.3
Welche Aussage trifft zu? - Unter Expressivität eines Gens wird verstanden

(A) die Häufigkeit von Mutationen eines Gens in einer Population
(B) die Häufigkeit eines Gens in einer Population
(C) die Häufigkeit, mit der ein Gen sich im Phänotyp manifestiert
(D) der unterschiedliche Ausprägungsgrad eines Gens im Phänotyp
(E) der Grad seiner Rezessivität gegenüber dem normalen Allel

30 LZ 1.20.4
Bei Pleiotropie

(1) sind mehrere Merkmale betroffen
(2) liegt nur eine Mutation vor
(3) mutieren duplizierte Gene
(4) müssen multiple Allele vorliegen

(A) nur 1 ist richtig
(B) nur 4 ist richtig
(C) nur 1 und 2 sind richtig
(D) nur 2 und 3 sind richtig
(E) nur 1, 2 und 3 sind richtig

31 LZ 1.20.4
    Pleiotropie
    (1) kann durch eine Genmutation hervorgerufen werden
    (2) betrifft stets mehrere Merkmale im Phänotyp
    (3) zeigt in der Regel unvollständige Penetranz
    (4) kommt durch Zusammenwirken mehrerer Mutationen zustande
    (5) ist gleichbedeutend mit Heterogenie
    (A) nur 1 ist richtig
    (B) nur 1 und 2 sind richtig
    (C) nur 2 und 4 sind richtig
    (D) nur 3 und 4 sind richtig
    (E) nur 2, 4 und 5 sind richtig

Evolution

32 LZ 2.1.1
    Die heute lebenden Menschen gehören einer Art an (homo sapiens), weil
    (1) genetische Unterschiede nur zur Bildung von Rassen geführt haben
    (2) Individuen verschiedener Rassen sich kreuzen können und fruchtbare Nachkommen erzeugen
    (3) Chromosomenzahl und -formen bei allen Rassen gleich sind
    (4) alle vergleichbare Blutgruppen besitzen
    (A) nur 1 und 3 sind richtig
    (B) nur 1 und 4 sind richtig
    (C) nur 2 und 3 sind richtig
    (D) nur 3 und 4 sind richtig
    (E) 1-4 = alle sind richtig

33 LZ 2.2.1
    Welche Aussage trifft nicht zu? - Bei der Evolution der Organismen waren folgende Vorgänge von Bedeutung
    (A) Chromosomen-Strukturveränderungen
    (B) Anpassung an veränderte Umweltbedingungen durch gerichtete Mutation
    (C) natürliche Auslese (Selektion)
    (D) Vermehrung des genetischen Materials
    (E) ungerichtete Punktmutationen

34 LZ 2.3
Welche Aussage trifft <u>nicht</u> zu? - Während der Evolution der menschlichen Chromosomenformen sind
(A) aus vorwiegend akrozentrischen Formen metazentrische Chromosomen gebildet worden
(B) nur wenige Chromosomen im Chromosomenbestand akrozentrisch geblieben
(C) Robertson-Translokationen beteiligt gewesen
(D) bei den Menschenaffen und beim Menschen sehr ähnliche Chromosomen entstanden
(E) entsprechend dem vermehrten Genbestand auch die Zahl der Chromosomen erhöht worden

35 LZ 2.4
Unterschiede in der Aminosäurefrequenz homologer Proteine (z.B. Hämoglobin) werden häufig zur Klärung verwandtschaftlicher Beziehungen, z.B. zwischen Mensch und Menschenaffe, herangezogen,
<u>weil</u>
die Ähnlichkeiten in der Aminosäuresequenz homologer Proteine meistens umso größer sind, je enger verschiedene Arten miteinander verwandt sind.

Antwort	Aussage 1	Aussage 2	Verknüpfung
A	richtig	richtig	richtig
B	richtig	richtig	falsch
C	richtig	falsch	-
D	falsch	richtig	-
E	falsch	falsch	-

36 LZ 2.4
Welches der genannten Phänomene wurde in der Evolution durch Genduplikation verursacht?
(A) die multiple Allelie der ABO-Blutgruppen
(B) die Trisomie 21 beim Down-Syndrom
(C) das Vorhandensein von Genen für die α- und β-Ketten des Hämoglobins
(D) das Vorkommen von Iso-X-Chromosomen beim Turner-Syndrom
(E) Geschlechtsunterschiede

Morphologie

37 LZ 3.1.1
Fortbewegung durch amöboide Zellbewegung erfolgt bei
  (1) Spermien
  (2) Leukozyten
  (3) Makrophagen
  (4) embryonalen Zellen (Richtungsbewegungen)

(A) nur 2 ist richtig
(B) nur 3 ist richtig
(C) nur 1, 2 und 4 sind richtig
(D) nur 2, 3 und 4 sind richtig
(E) 1-4 = alle sind richtig

38 LZ 3.1.1
    Zellbewegung

    (1) beruht auf der Tätigkeit kontraktiler Filamente aus Actinomyosin
    (2) erfordert ATP als Energiequelle
    (3) spielt bei der Embryonalentwicklung (Richtungskriechen) eine Rolle
    (4) unterscheidet sich grundsätzlich von der Kontraktion der Muskelzellen
    (5) ist der Mechanismus der Ortsveränderung bei Fibroblasten und Leukoplasten

    (A) nur 1, 2 und 3 sind richtig
    (B) nur 3, 4 und 5 sind richtig
    (C) nur 1, 2, 4 und 5 sind richtig
    (D) nur 1, 2, 3 und 5 sind richtig
    (E) 1-5 = alle sind richtig

39 LZ 3.5.1
    Welche Aussage trifft nicht zu? - Die Metamerie der ursprünglichen Muskelpartien im Rumpf der Wirbeltiere

    (A) wird durch die segmentalen Anlagen der Myotome bestimmt
    (B) ist eine Folge der Entwicklung der Wirbelkörper
    (C) bleibt auch bei Säugern teilweise im Bereich der ventralen Leibeswand erhalten
    (D) ist die Grundlage für die Einbeziehung von Muskelgruppen in die Extremitätenanlagen
    (E) ist in Form der Myomeren die muskuläre Grundlage für die Schlängelbewegung des Rumpfes

Mikrobiologie

40 LZ 4.2
    Charakteristisch für Prokaryonten ist das Fehlen

    (A) von Reservestoffen   (D) einer Kernhülle
    (B) von Ribosomen   (E) von Chromosomen
    (C) einer Zellmembran

41 LZ 4.2
    Bakterien unterscheiden sich von tierischen Zellen

    (1) im Aufbau der Ribosomen
    (2) durch das Vorhandensein einer Zellwand
    (3) durch das Fehlen einer Kernmembran

    (A) nur 2 ist richtig
    (B) nur 3 ist richtig
    (C) nur 1 und 3 sind richtig
    (D) nur 2 und 3 sind richtig
    (E) 1-3 = alle sind richtig

42 LZ 4.2
Zur Unterscheidung, Klassifizierung und Einteilung der
Bakterien dienen folgende Merkmale und Eigenschaften:

   (1) Fähigkeit zur Kapselbildung
   (2) Zahl und Ansatzstelle von Geiseln
   (3) Verhalten bei der Gram-Färbung
   (4) spezifische Stoffwechselvorgänge
   (5) Sauerstoffbedarf und -empfindlichkeit

(A) nur 3 und 5 sind richtig
(B) nur 1, 2 und 4 sind richtig
(C) nur 1, 3 und 5 sind richtig
(D) nur 2, 3, 4 und 5 sind richtig
(E) 1 - 5 = alle sind richtig

43 LZ 4.2
Bakteriensporen

   (1) werden bei optimalen Umweltbedingungen gebildet
   (2) entstehen nur nach Konjugation
   (3) haben keinen Stoffwechsel
   (4) dienen der Vermehrung

(A) Keine der Aussagen ist richtig
(B) nur 3 ist richtig
(C) nur 4 ist richtig
(D) nur 2 und 4 sind richtig
(E) nur 1, 3 und 4 sind richtig

44 LZ 4.2
Welche Aussage trifft zu? - Endosporen bei Bakterien sind

(A) Virus-Einschlußkörperchen
(B) wasserarme Speicherstoffe
(C) Membranzonen von Mesosomen
(D) wasserarme Dauerformen
(E) Nahrungsvakuolen

45 LZ 4.2
Der mehrschichtige Murein-Sacculus der gram-positiven
Bakterien ist für die Reaktion dieser Bakterien bei der
Gram-Färbung verantwortlich,
weil
durch mehrere Mureinschichten in der Zellwand das Herausdiffundieren des Farbstoffes erschwert wird.

Antwort	Aussage 1	Aussage 2	Verknüpfung
A	richtig	richtig	richtig
B	richtig	richtig	falsch
C	richtig	falsch	-
D	falsch	richtig	-
E	falsch	falsch	-

46 LZ 4.2
Sporenbildung dient bei Bakterien vor allem der Vermehrung,
<u>weil</u>
sich aus einer Bakterienzelle mehrere Sporen bilden

47 LZ 4.3
Bakterien

    (1) teilen sich unter optimalen Bedingungen alle 20 min
    (2) besitzen keinen abgegrenzten Zellkern
    (3) können durch Mutation antibiotika-resistente Stämme bilden
    (4) können ihre Resistenzfaktoren an andere Bakterien weitergeben

(A) nur 1, 2 und 3 sind richtig
(B) nur 1, 2 und 4 sind richtig
(C) nur 1, 3 und 4 sind richtig
(D) nur 2, 3 und 4 sind richtig
(E) 1-4 = alle sind richtig

48 LZ 4.3
Die Generationszeit der Bakterien

    (1) ist abhängig vom Substratangebot
    (2) ist abhängig von der Temperatur
    (3) nimmt an Länge in der stationären Phase ab
    (4) kann bei Escherichia coli unter optimalen Bedingungen 20 Minuten betragen

(A) nur 1 und 2 sind richtig
(B) nur 1 und 3 sind richtig
(C) nur 2 und 4 sind richtig
(D) nur 1, 2 und 4 sind richtig
(E) 1 - 4 = alle sind richtig

49 LZ 4.3
Bakterien

(A) benutzen den Proteinsyntheseapparat der Wirtszelle
(B) besitzen einen abgegrenzten Zellkern
(C) können sich nur im Innern einer Eukaryonten-Zelle vermehren
(D) besitzen DNA als genetisches Material
(E) können nur auf festen Nährböden gezüchtet werden

LZ 4.3
Ordnen Sie bitte den Wachstumsphasen einer Bakterienkultur in einer Nährlösung (Liste 1) die zutreffendsten Angaben in Liste 2 zu!

Liste 1

50 Exponentielle (logarithmische) Wachstumsphase
51 stationäre Wachstumsphase

Liste 2

(A) allmähliches Erreichen der maximalen Teilungsrate
(B) gleichbleibende Populationsdichte
(C) erste Phase der Wachstumskurve
(D) maximale Teilungsrate
(E) abnehmende Populationsdichte

52 LZ 4.3
Bakterien
  (1) können sich in Kultur exponentiell vermehren
  (2) besitzen keinen abgegrenzten Zellkern
  (3) können durch Mutation antibiotika-resistente Stämme bilden
  (4) können ihre Resistenzfaktoren an andere Bakterien weitergeben

(A) nur 1, 2 und 3 sind richtig
(B) nur 1, 2 und 4 sind richtig
(C) nur 1, 3 und 4 sind richtig
(D) nur 2, 3 und 4 sind richtig
(E) 1-4 = alle sind richtig

53 LZ 4.4
Die Wirkungsweise von Antibiotika auf Bakterien kann u.a. bestehen in einer Hemmung der
  (1) Zellwandbildung
  (2) Bildung der zytoplasmatischen Membran
  (3) Proteinsynthese an den Ribosomen
  (4) Kapselbildung
  (5) Geißelbildung

(A) nur 1 und 2 sind richtig
(B) nur 1 und 3 sind richtig
(C) nur 2 und 4 sind richtig
(D) nur 3 und 4 sind richtig
(E) nur 4 und 5 sind richtig

54 LZ 4.4
Die Wirkung von Penicillin beruht auf Beeinträchtigung der

(A) Synthese von Ribosomen
(B) Synthese von Zellwandmaterial
(C) DNA-Synthese
(D) zytoplasmatischen Membran
(E) Synthese der Kapselsubstanz

55 LZ 4.5
Wie kommt es unter Einwirkung von Antibiotika bei Bakterien zu einer Anreicherung von resistenten Stämmen?

(A) Durch das Absterben der empfindlichen Bakterien können sich die resitenten Formen ohne Konkurrenz vermehren
(B) Die Antibiotika fördern die Übertragung von Resistenzfaktoren
(C) Die Antibiotika fördern die Ausbildung von multipler Resistenz gegen mehrere Antibiotika
(D) Die Antibiotika wirken als mutagene Chemikalien auf das Bakterienchromosom
(E) Alle Aussagen treffen zu

56 LZ 4.5
Welche Aussage über Parasexualität bei Bakterien (Beispiel Escherichia coli) trifft zu?

(1) Es wird genetische Information vin einem Bakterium auf ein anderes Bakterium übertragen.
(2) Durch Pili wird zwischen Bakterien eine Verbindung hergestellt.
(3) Bakteriophagen sind eine Voraussetzung für Parasexualität bei Bakterien
(4) Parasexualität kann Antibiotikaresistenz übertragen.

(A) nur 1 ist richtig
(B) nur 1 und 3 sind richtig
(C) nur 2 und 4 sind richtig
(D) nur 1, 2 und 4 sind richtig
(E) 1 - 4 = alle sind richtig

57 LZ 4.5
Bei Bakterien können durch Konjugation Resistenzfaktoren gegen Antibiotika übertragen werden,
weil
über die bei der Konjugation gebildete Plasmabrücke genetisches Material übertragen werden kann

Antwort	Aussage 1	Aussage 2	Verknüpfung
A	richtig	richtig	richtig
B	richtig	richtig	falsch
C	richtig	falsch	–
D	falsch	richtig	–
E	falsch	falsch	–

58 LZ 4.5
Resistenz von Bakterien - z.B. gegen Antibiotika - kann folgende Ursachen haben
    (1) Vorhandensein einer primären Resistenz
    (2) Entstehen einer sekundären Resistenz durch Spontanmutation und anschließende Selektion
    (3) Übertragung von Resistenzfaktoren von resistenten Bakterien mittels Transformation, Transduktion oder Konjugation
(A) nur 1 ist richtig
(B) nur 1 und 2 sind richtig
(C) nur 1 und 3 sind richtig
(D) nur 2 und 3 sind richtig
(E) 1-3 = alle sind richtig

59 LZ 4.5
Durch Transduktion können auf Bakterien Resistenzfaktoren gegen Antibiotika übertragen werden,
weil
bei der Transduktion von Bakterienzellen lösliche DNA aufgenommen wird

60 LZ 4.7
Viren
    (1) passieren bakteriendichte Filter, d.h. sind filtrierbar
    (2) enthalten RNA oder DNA
    (3) sind obligate Zellparasiten
    (4) vermehren sich ausschließlich mit Hilfe der Stoffwechselleistungen der Wirtszelle
    (5) können bei Menschen, Tieren und Pflanzen Krankheiten hervorrufen

(A) nur 1, 2 und 5 sind richtig
(B) nur 1, 3 und 4 sind richtig
(C) nur 2, 3 und 4 sind richtig
(D) nur 3, 4 und 5 sind richtig
(E) 1-5 = alle sind richtig

61 LZ 4.7
Viren lassen sich nur in Zellkulturen bzw. in Embryonen züchten,
<u>weil</u>
Viren die Enzyme der Wirtszelle benötigen

62 LZ 4.7
Folgende Vorgänge spielen sich bei der Virussynthese ab

(1) Adsorption: Bindung des Virus an einen Rezeptor der Zellmembran
(2) Penetration: Aufnahme des Virus durch die Zelle (Pinozytose)
(3) Uncoating: Freilegen der Virusnucleinsäure durch enzymatischen Abbau von Hülle - falls vorhanden - und Capsid
(4) Reifung: Synthese von Virusnucleinsäure, Capsid und gegebenenfalls Hüllenmaterial sowie Zusammenbau der Viruspartikel

(A) nur 1 und 4 sind richtig
(B) nur 1, 2 und 3 sind richtig
(C) nur 1, 2 und 4 sind richtig
(D) nur 2, 3 und 4 sind richtig
(E) 1-4 = alle sind richtig

63 LZ 4.7
Transduzierende Bakteriophagen

(1) können Resistenzfaktoren übertragen
(2) sind an der Transformation beteiligt
(3) sind Voraussetzung für das Zustandekommen einer Konjugation zwischen Bakterien
(4) sind auf Bakterien spezialisierte Viren

(A) nur 1 ist richtig
(B) nur 4 ist richtig
(C) nur 1 und 2 sind richtig
(D) nur 1 und 4 sind richtig
(E) nur 3 und 4 sind richtig

64 LZ 4.7
Welche Aussagen über menschenpathogene Viren sind zutreffend?

(1) DNA oder RNA enthalten die genetische Information des Virus
(2) Das aus Protein bestehende Capsid umgibt als "Schutzmantel" die Nukleinsäuren
(3) Eine das Capsid bedeckende Hülle ist nicht bei allen Viren vorhanden
(4) Das Capsid wird vor der Penetration abgestreift
(5) Die Virusnukleinsäure wird in die Wirtszelle injiziert

(A) nur 1 und 2 sind richtig
(B) nur 2 und 3 sind richtig
(C) nur 1, 2 und 3 sind richtig
(D) nur 1, 4 und 5 sind richtig
(E) nur 1, 2, 3 und 5 sind richtig

Ökologie

65 LZ 5.1
Eine Biozönose ist die Gesamtheit der

(1) Lebensbedingungen einer Organismenart
(2) Individuen einer Population
(3) in einem räumlichen und zeitlichen Zusammenhang lebenden Arten eines Biotops

(A) nur 1 ist richtig
(B) nur 2 ist richtig
(C) nur 3 ist richtig
(D) nur 2 und 3 sind richtig
(E) 1-3 = alle sind richtig

66 LZ 5.4.3
Welche Aussage trifft nicht zu? - Mikroorgansimen

(A) machen die durch Primärproduzenten gebundenen Stoffe wieder für andere Organismen verfügbar
(B) die am Abbau organischer Substanz teilhaben, sind autotrophe Organismen
(C) können Ursache dafür sein, daß Schwermetallverbindungen (z.B. Quecksilberderivate) in Nahrungsstoffen des Menschen gelangen
(D) bewirken, daß sich keine organischen Materialien abgestorbener Organismen über längere Zeit anhäufen
(E) können als Endosymbionten von Säugetieren bei der Nahrungsverwertung mitwirken

67 LZ 5.4.3
Im Stoffkreislauf des Stickstoffs sind Bakterien nicht als Destruenten tätig,
weil
der von Mensch und Tier ausgeschiedene Harnstoff nur von Pilzen zu Ammoniak abgebaut wird.

Antwort	Aussage 1	Aussage 2	Verknüpfung
A	richtig	richtig	richtig
B	richtig	richtig	falsch
C	richtig	falsch	–
D	falsch	richtig	–
E	falsch	falsch	–

Aufbau der Zelle

68 LZ 6.7
Welche Aussage trifft nicht zu? – Kontaktstellen zwischen Zellen können die Aufgabe haben,

(A) eine elektrische Koppelung herzustellen
(B) eine Festlegung von Zellen im Gewebeverband zu erreichen
(C) als Verschlußzone interzelluläre Spalträume abzudichten
(D) amöboide Zellbewegung auszulösen
(E) einen Austausch von Molekülen zu ermöglichen

LZ 6.8
Bitte ordnen Sie die Aussagen der Liste 2 den Begriffen der Liste 1 zu!

Liste 1

69 Phagozytose
70 Pinozytose
71 Zytopempsis

Liste 2

(A) passiver Transport von Molekülen durch Membranen
(B) Aufnahme von Flüssigkeiten durch Membraneinstülpung in die Zelle
(C) Ausschleusung geformter Bestandteile durch Membranmechanismen aus der Zelle
(D) Aufnahme geformter Bestandteile durch Membraneinstülpung in die Zelle
(E) Durchschleusung von in Membranvesikel eingeschlossenen Flüssigkeiten durch die Zelle

LZ 6.10.1
Jedem der folgenden Zellkompartimente (Liste 1) ordnen
Sie bitte denjenigen Prozeß A - E (Liste 2) zu, der aus-
schließlich oder überwiegend dort abläuft

Liste 1

72 Endoplasmatisches
    Retikulum
73 Zytoplasma

Liste 2

(A) Synthese der ribosomalen RNA
(B) Synthese von Glucose aus Phosphoenolpyruvat
(C) Hydroxylierung von Arznei- mitteln
(D) Oxidation von $NADH_2$
(E) Synthese von m-RNA

74 LZ 6.10.1
Welche Aussage trifft zu? - Granuläres (= rauhes) endoplasmatisches Reticulum hat vorwiegend folgende Funktion:

(A) Leitung von niedermolekularen Lösungen
(B) Speicherung von niedermolekularen Stoffen
(C) Synthese von exportablem Eiweiß
(D) Synthese von Steroidhormonen
(E) Synthese von Glykogen

75 LZ 6.10.2
Welche Aussage trifft nicht zu? - Dictyosomen

(A) bilden Membranvesikel zur Regeneration der Zellmem- bran
(B) bilden Sekretvesikel in Drüsenzellen
(C) bilden Lysosomen
(D) sind polar aufgebaut und weisen eine Bildungs- und eine Abgabeseite auf
(E) vereinigen sich mit Phagosomen beim Abbau von pha- gozytiertem Material

76 LZ 6.10.3
Die Lysosomen

(A) sind lysozymbildende Zellen
(B) sind der Ort der Lysolecithinspeicherung
(C) enthalten Hydrolasen
(D) sind partielle Abbauprodukte von Ribosomen
(E) sind die Bildungsstätte der Chromosomen

77 LZ 6.10.3
Welche Aussage trifft zu? - Heterolysosomen (sekundäre
Lysosomen) entstehen in einer Zelle, wenn

(A) phagozytiertes Material mit primären Lysosomen zusammengebracht wird

(B)   Membranen des glatten endoplasmatischen Retikulums
         Tropfen von Lipiden als Reservestoffe umschließen
   (C)   Zellorganellen abgebaut werden
   (D)   exportable Eiweißgranula zum Zweck der Ausschleu-
         sung aud der Zelle von Golgimembranen umgeben werden
   (E)   Teile des Golgi-Feldes mit Teilen des endoplasmati-
         schen Retikulums verschmelzen

78 LZ 6.10.5
    Welche Aussage trifft nicht zu? - Mitochondrien der tie-
    rischen Zellen

   (A)   enthalten die Enzyme der Atmungskette (Multienzym-
         komplex)
   (B)   enthalten eigene Ribosomen und führen eine eigene
         Proteinsynthese durch
   (C)   besitzen eine äußere und eine innere Membran
   (D)   sind in konstanter Anzahl in den Zellen verschiede-
         ner Gewebe enthalten
   (E)   enthalten ein ringförmiges DNA-Molekül

79 LZ 6.10.5
    Welche Aussage trifft nicht zu? - Folgende Funktionen
    sind in den Mitochondrien lokalisiert

   (A)   Pentosephosphatweg
   (B)   Atmungskette
   (C)   Citratzyklus
   (D)   oxidative Phosphorylierung
   (E)   Fettsäureoxidation

80 LZ 6.10.6
    Welche Aussage trifft zu? - Unter Polysomen versteht man

   (A)   die Vorstufen von Autolysosomen
   (B)   die mit m-RNA (messenger-RNA) bei der Translation
         zusammengefaßten Ribosomen
   (C)   Teile von Golgi-Feldern mit randständigen Vesikeln
   (D)   die getrennten 40 s bzw. 60 s Ribosomen-Unterein-
         heiten
   (E)   die Ribosomen in Mitochondrien

81 LZ 6.13
    Welche der folgenden Zellbestandteile befinden sich in-
    nerhalb des Zellkerns?

   (A)   Paroxisomen
   (B)   Mitochondrien
   (C)   Lysosomen
   (D)   Polysomen
   (E)   Keine der Antworten trifft zu

82 LZ 6.13.2
DNA ist enthalten in

    (1) Zellmembranen
    (2) Zellkernen
    (3) Ribosomen
    (4) Mitochondrien
    (5) Lysosomen

(A) nur 2 ist richtig
(B) nur 2 und 3 sind richtig
(C) nur 2 und 4 sind richtig
(D) nur 3 und 4 sind richtig
(E) 1-5 = alle sind richtig

83 LZ 6.13.3
Die Nucleolen enthalten als wesentlichen Inhalt

(A) einen Pool von Messenger-RNA
(B) Kohlenhydrate zur Bildung von Mucopolysacchariden
(C) sich bildende Ribosomen und ribosomale RNA
(D) Nahrungsstoffe in Form von Neutralfetten
(E) den Aminosäuren-Pool für die Proteinbiosynthese

Funktionen der Zelle

84 LZ 7.1.1
Die DNA eukaryoter Zellen

    (1) liegt in der Doppelhelix in zwei gegenläufig angeordneten Polynucleotidketten vor
    (2) wird bei der Replikation in 5'-3'-Richtung synthetisiert
    (3) enthält im Doppelstrang äquimolekulare Mengen von Adenin und Cytosin
    (4) kommt ausschließlich im Zellkern vor

(A) nur 1 und 2 sind richtig
(B) nur 1 und 4 sind richtig
(C) nur 2 und 3 sind richtig
(D) nur 1, 2 und 3 sind richtig
(E) nur 2, 3 und 4 sind richtig

85 LZ 7.1.1
Prüfen Sie die Richtigkeit der folgenden Aussagen über DNA

    (1) Die DNA-Doppelstränge werden durch Wasserstoffbrückenbindungen aneinander gebunden
    (2) In der DNA sind die 4 Basen in äquimolarem Verhältnis vorhanden

    (3) Für die Doppelhelixstruktur ist das Prinzip
        der Basenpaarung verantwortlich
    (4) In den DNA-Strängen folgt einem Pyrimidinnucleotid jeweils ein Purinnucleotid

(A) nur 1, 2 und 3 sind richtig
(B) nur 1 und 3 sind richtig
(C) nur 2 und 4 sind richtig
(D) nur 4 ist richtig
(E) 1-4 = alle sind richtig

86 LZ 7.1.1
Für die DNA-Replikation trifft nicht zu

(A) sie ist semi-konservativ
(B) sie findet im Zellkern statt
(C) sie ist enzymabhängig
(D) sie findet in der G_1-Phase statt
(E) unter Anlagerung von komplementären Basen

87 LZ 7.1.2
Der Transport der genetischen Information von der DNA im Zellkern zu den Ribosomen erfolgt durch

(A) t-RNA
(B) RNA-Polymerasen
(C) m-RNA
(D) r-RNA
(E) Polypeptidketten

88 LZ 7.1.2
Prüfen Sie bitte folgende Aussagen über RNA

    (1) m-RNA hat eine helikale, doppelsträngige Struktur
    (2) m-RNA muß in der eukaryoten Zelle vom Kern in das Zytoplasma diffundieren können
    (3) Die Biosynthese von m-RNA erfordert die Mitwirkung von DNA
    (4) RNA ist in manchen Viren das genetische Material

(A) nur 4 ist richtig
(B) nur 1 und 3 sind richtig
(C) nur 1, 2 und 3 sind richtig
(D) nur 2, 3 und 4 sind richtig
(E) 1-4 = alle sind richtig

89 LZ 7.1.2
Die genetische Information der Kern-DNA wird zur Proteinbildung durch Transkription unmittelbar übertragen auf

(A) mitochondriale DNA
(B) mitochondriale RNA
(C) ribosomale DNA
(D) Transfer-RNA
(E) Messenger-RNA

90 LZ 7.2
Die Proteinbiosynthese erfordert folgende Teilschritte
 (1) Bildung der m-RNA
 (2) Bindung der m-RNA an Ribosomen
 (3) Aktivierung der Aminosäure
 (4) Anheftung einer Aminosäure an die ribosomale RNA

 (A) nur 1 und 2 sind richtig
 (B) nur 1 und 3 sind richtig
 (C) nur 1, 2 und 3 sind richtig
 (D) nur 2, 3 und 4 sind richtig
 (E) 1-4 = alle sind richtig

91 LZ 7.2
Welcher der folgenden Vorgänge gibt die vollständige Bedeutung des Begriffes Translation wieder?

 (A) die Bindung von Aminosäuren an t-RNA
 (B) die Übersetzung des m-RNA-Code in die Aminosäurensequenz der Proteine
 (C) die Adaptorfunktion der t-RNA
 (D) die Synthese von t-RNA
 (E) die Gliederung von m-RNA in Tripletts (Codons)

92 LZ 7.3
Für die Synthesephase (S-Phase) des Zellzyklus ist der folgende Vorgang charakteristisch

 (A) Zellwachstum
 (B) Proteinbiosynthese
 (C) Sichtbarwerden von Chromosomen
 (D) DNA-Replikation
 (E) Reduktion der Chromosomenzahl auf die Hälfte

93 LZ 7.3
Welche Aussage trifft nicht zu? - In der G_1-Phase des Zellzyklus finden die folgenden Vorgänge statt

 (A) DNA-Vermehrung
 (B) Zellwachstum
 (C) Bildung der Proteine für den Verteilungsapparat der Chromosomen
 (D) Bildung der Enzyme für DNA-Vermehrung
 (E) Bildung von Histonen

94 LZ 7.3
In welcher Phase besteht ein Chromosom aus zwei Chromatiden?

    (1) G_1-Phase
    (2) G_2-Phase
    (3) Prophase der 1. Reifeteilung
    (4) Metaphase der 2. Reifeteilung
    (5) Telophase der 2. Reifeteilung

(A) nur 1 ist richtig
(B) nur 1 und 5 sind richtig
(C) nur 2, 3 und 4 sind richtig
(D) nur 2, 3, 4 und 5 sind richtig
(E) 1 - 5 = alle sind richtig

95 LZ 7.3
Welche Aussage trifft <u>nicht</u> zu? - In der G_2-Phase

(A) hat die DNA-Synthese schon stattgefunden
(B) steht die Mitose unmittelbar bevor
(C) können die einzelnen Chromosomen schon deutlich unterschieden werden
(D) können mit Hilfe von Reparatur-Enzymen DNA-Defekte noch repariert werden
(E) sind in der Zelle alle Voraussetzungen vorhanden, sofort in die Teilung einzutreten

96 LZ 7.3.1
Unter dem Mikroskop sichtbare Metaphasenchromosomen

    (1) enthalten die bereits verdoppelte DNA
    (2) befinden sich in der G_1-Phase des Zellzyklus
    (3) sind stark spiralisiert
    (4) lassen das Centromer erkennen
    (5) enthalten neben der DNA auch Proteine

(A) nur 1, 2 und 3 sind richtig
(B) nur 1, 3 und 5 sind richtig
(C) nur 2, 4 und 5 sind richtig
(D) nur 1, 3, 4 und 5 sind richtig
(E) 1 - 5 = alle sind richtig

97 LZ 7.3.1
Durch die Mitose wird sichergestellt, daß
- (A) jede Zelle (mit Ausnahme der Keimzellen) alle Chromosomen bekommt
- (B) der Verlust von Chromosomen bei früheren Zellteilungen ausgeglichen wird
- (C) die funktionelle Differenzierung der verschiedenen Gewebe herbeigeführt wird
- (D) der geordnete Ablauf der DNA-Synthese gewährleistet ist
- (E) eine gleichmäßige Verteilung der Zellorganellen (Mitochondrien, Lysosomen etc.) auf die Tochterzellen gewährleistet ist

98 LZ 7.3.1
Chromosomen in der Metaphase der Mitose haben die folgenden Merkmale
- (1) Sie sind stark spiralisiert
- (2) Sie können beim Menschen individuell (paarweise) klassifiziert werden
- (3) Man kann an ihnen zwei Chromatiden erkennen, die in der Centromer-Region zusammenhängen
- (4) Sie werden von der Kernmembran umschlossen

- (A) nur 1, 2 und 3 sind richtig
- (B) nur 1, 2 und 4 sind richtig
- (C) nur 1, 3 und 4 sind richtig
- (D) nur 2, 3 und 4 sind richtig
- (E) 1-4 = alle sind richtig

99 LZ 7.3.1
In welcher Phase blockiert Colchizin den Fortgang der Mitose?
- (A) Interphase
- (B) Prophase
- (C) Metaphase
- (D) Anaphase
- (E) Telophase

100 LZ 7.6
Form und Zahl der Chromosomen des Menschen bestimmt man aus
- (1) Fibroblastenkulturen
- (2) Abstrichen der Mundschleimhaut
- (3) Knochenmark
- (4) Lymphozytenkulturen

- (A) nur 1 ist richtig
- (B) nur 2 und 4 sind richtig
- (C) nur 1, 3 und 4 sind richtig
- (D) nur 2, 3 und 4 sind richtig
- (E) 1 - 4 = alle sind richtig

101 LZ 7.6
Aufgrund welcher Kriterien kann man die Chromosomen des Menschen voneinander unterscheiden?

    (1) Länge
    (2) Bandmuster bei Giemsa-Färbung
    (3) Bandmuster bei Fluoreszenzfärbung
    (4) Lage des Centromers

(A) nur 3 ist richtig
(B) nur 1 und 2 sind richtig
(C) nur 2 und 3 sind richtig
(D) nur 2, 3 und 4 sind richtig
(E) 1-4 = alle sind richtig

102 LZ 7.6 und 1.10
Welche Aussage trifft nicht zu? - Das γ-Chromosom des Menschen

(A) ist nur beim Manne vorhanden
(B) fluoresziert stark nach Spezialfärbung
(C) trägt zahlreiche bekannte Gene
(D) ist akrozentrisch
(E) gehört zur Gruppe der kleinen Gene

Antwortschema

1	31	61	91
2	32	62	92
3	33	63	93
4	34	64	94
5	35	65	95
6	36	66	96
7	37	67	97
8	38	68	98
9	39	69	99
10	40	70	100
11	41	71	101
12	42	72	102
13	43	73	
14	44	74	
15	45	75	
16	46	76	
17	47	77	
18	48	78	
19	49	79	
20	50	80	
21	51	81	
22	52	82	
23	53	83	
24	54	84	
25	55	85	
26	56	86	
27	57	87	
28	58	88	
29	59	89	
30	60	90	

Richtige Antworten

Frage	Antw.	Frage	Antw.	Frage	Antw.
1	A	41	E	81	E
2	D	42	E	82	C
3	A	43	A	83	C
4	A	44	D	84	A
5	C	45	A	85	B
6	B	46	E	86	D
7	B	47	E	87	C
8	B	48	D	88	D
9	B	49	D	89	E
10	A	50	D	90	C
11	D	51	B	91	B
12	B	52	E	92	D
13	C	53	B	93	A
14	A	54	B	94	C
15	E	55	A	95	C
16	D	56	D	96	D
17	B	57	A	97	A
18	B	58	E	98	A
19	C	59	C	99	C
20	D	60	E	100	C
21	E	61	A	101	E
22	D	62	E	102	C
23	D	63	D		
24	C	64	B		
25	D	65	C		
26	A	66	B		
27	D	67	E		
28	C	68	D		
29	D	69	D		
30	C	70	B		
31	B	71	E		
32	E	72	C		
33	B	73	B		
34	E	74	C		
35	A	75	E		
36	C	76	C		
37	D	77	A		
38	A	78	D		
39	B	79	A		
40	D	80	B		

Stichwortverzeichnis

A
abiotisch 71
ABO-Blutgruppen 18, 23
acrozentrisch 8, 14, 37
Adenin 99f.
Adenosintriphosphat 49, 93
 ATP
Adsorption 67
Agar-Agar 61
Aktin 49, 114
Albinismus 31
Allel 16, 23
Aminosäureoxidation
Amitose 114
Ammoniak 79
Amnion 47
Anaphase 113
Annelida 53
Antibiotika 57, 63
Anticodon 107
Art 34, 39
Arteria pulmonalis 43f.
Atrioventrikular- 46
 knoten AV-Knoten
Atrium 41f.
Atrophie 53
Ausschleusung 69
Autökologie 71
Autophagolysosom 92
Autosomen 116
autotroph 78

B
bactericid 63
Bakterienkolonie 61
Bakteriophage 64, 66f.
bakteriostatisch 63
Barr-Body 12
Befruchtung 7
Besamung 7
biotisch 71
Biotop 71
Biozönose 71, 76f.
Blastem 52
Blutkreislauf 41f.
Bulbus arteriosus 41f.

C
Capsid 66
Carotiden 43f.
Carrier 89
Centriol 95, 111
centric Fusion 14, 37
Centromer 98, 111
Chemoterapeutikum 63
Chloramphenicol 59
Chromatiden 3, 98, 110
Chromatin 97
Chromatinkörperchen 12
Chromosomen 1, 97f., 110,
 116f.
- Fehlverteilung 8f.
- Geschlechts- 116
- als Kopplungsgruppe der Gene
 10
Chromosomenaberrationen
- numerische 8f, 25
- strukturell 13f., 25, 37
- Untersuchung 116
Cilie 96
Codon 105, 107
- Startercodon
Colchian 111
Conusarteriosus 41
Cri-du-chat-Syndrom 13
Crossing over 11, 37
Cytokinese 113
cytopatischer Effekt
Cytopempsis 90
Cytoplasma 49, 56, 84
Cytoplasmamembran 56
Catosin 99f.
Cytostatica 27

D
Darwin 34
Dauerspore 59
Deletion 13
Desmosom 51, 88
Desoxiribonucleinsäure siehe
 DNA
Destruenten 79
Diastole 46
Diffusion 88
Disposition 24

Dyktiosom 91
DNA 99f.
- Gehalt 36, 56
- repetitive 36
Doppelhelix 103
Down-Syndrom 9
Drumstick 12
Ductus arteriosus 48
  Botalli
Duches venosus Arantii 48
Duplikation 15, 37

E
Eklipse 69
Ektoplasma 49
Endocytose 89
Endomitose 114
Endoplasmatisches 90
  Reticulum
Entoplasma 49
Episitismus 71, 78
Episom 64
Exgastoplasma 90
Escherichia Coli 36
Euchromatin 97
Eucyte 56, 82
euryole 72
Evulotion 34f.
Exocytose 90
Expressivität 28

F
F-Body 12
Filamente 49
Flemming-Körper 114
Fluid-Mosaik-Modell 86
Foramen ovale 45, 48
Fortpflanzungsisolation
  39

G
Gameten 1
gap junction 87
Gel-Mantel 49
Gen 10, 103
Genetischer Code 103
Genmutation 25, 26, 30
Genwirkkette 32
Giemsa-Färbung 116
Glanzstreifen 41
Glykokalix 86f.
Golgi-Apparat 91

Golgi-Zysterne 91
Gonadendysgenesie 10
Gonosomen 21, 116
G_1-Phase 109f.
G_2-Phase 109f.
Gram-Färbung 57
Guanin 99f.

H
Hämoglobin 29f., 40
Hämophilie 22
Hardy-Weinberg-Formel 23
Hemizygotie 21
Herz 41f.
Heterochromatin 97
Heterogenie 29
Heterophagolysosom 92
hekrotroph 79
Heterozygotie 16
Histon 56, 97
Homöostase 51
Homöothermie 73
Homozygotie 16
Hyperplasie 52
Hypertrophie 52

I
Intercristae-Raum 92
Inversion 15, 37
ionisierende Strahlen 26
Isochromosom 39
Isoenzym 40
Isolation 36

K
Karyoplasma 84
Kern-Plasma-Relation 86
Kiemenbogen 41f.
Klinefelter-Syndrom 9, 12
Klon 61, 64
Kodominanz 18
Konduktorin 22
Konjugation 64
Konkurrenz 77
Kontaktinhibition 88
Kretinismus 32
Kreuzresistenz 64
Kropf 33

L
Lactatdehydrogenase 40

lag-Phase 60
Letalfaktor 27
L-Form 59
Licht 73
Lipofuscin 92
log-Phase 60
Lymphocytenkultur 116
Lyon-Hypothese 12
Lysosom 91f.
Lysozym 59, 69

M
Macula adhaerens 88
Matrix-Raum 92
Medulla oblongata 46
Meiose 1f.
Melanin 31, 74
Membranreceptor 90
Mendelsche Erbgänge 5, 16f.
 1. Gesetz 16
 2. Gesetz 17
 3. Gesetz 18
Mesoderm 54
metacentrisch 8, 37
Metamerie 53
Metaphase
 meiotisch 3
 mitotisch 111f.
Metaplasie 53
Microbody 92
Mikroaerophilie 60
Mikrobiologie 55f.
Mikrotubulus 95
Mikrovilli 96
Minamata-Krankheit 80
Mitochondrium 56, 92f.
Mitose 111f.
MN-System 18
Monera 55
Mongolismus 9, 38
Monolayer 69
Monosomie 8f.
Mosaik 9
Multiple Allelie 23
Mukoviszidose 20
Murein 57f.
Mutation 25f., 35, 63
Mutationsrate 25, 27
Mutationstheorie 52
myogenes Schrittmachersystem 41f.
Myoglobin 40
Myomer 54
Myosin 49, 114

Myotom 54

N
Nährmedium 60
Nervenzelle 84
Nervus vagus 46
Nitrat 79
Nitrit 79
Nissl-Scholle 90
Nucleinsäure
Nucleocapsid 66
Nucleoid 55f.
Nucleolus 98
Nucleosid 99f.
Nucleotid 99f.
Nucleus 84

O
Ökologie 71f.
Ökosystem 71
Ontogenese 43
Oocyte 1, 12
Oogenese 1
Oogonie 1, 5
Osmose 89

P
Parasitismus 77
Penetranz 28
Penetration 67
Penicillin 57
Peptidbindung
perinucleärer Spalt
Peroxisomen 92
Phänokopie 32
Phagocytose 89
Phenylalanin hydroxilase 20, 31
Phenylketonurie 20, 31
Philadelphia Chromosom
Photosynthese 73
Pili 64
Pilze 55, 79
Pinocytose 89
Placenta 47
Plasmalemma 86
Plasmid 64
Pleiotropie 29
Poikilothermie 72
Polypeptidkette
Polyploidie 114
Polysomen 94

Population 34, 74f.
Populationsdichte 75
Populationsdynamik 75
Präferenzbereich 72
praemeiotische Interphase 3
Primär-Follikel 5
Produzent 78
Prophase
 meiotisch 3
 mitotisch 111
Protisten 55
Protocyte 59, 82
Protoplasma 82
Protoplast 82
Protozoa 55
Pseudopodien 49

Qu
Quecksilber 80

R
Rachitis 74
Rachitis, Vitamin-D-
 resistente 22
Rasse 34
Redundanz 36, 106
Regeneration 51
Reifung 69
Replikation 103, 110
Resistenz 63f.
Retardationsphase 61
R-Faktor 64
Ribonucleinsäure
 siehe RNA
Ribosom 56, 94, 107
RNA 99f., 105f.
 messenger 30, 105f.
 ribosomale 105f.
 transfer 30, 105f.
Robertson'sche Translokation
 14, 37
Rot-Grün-Blindheit 22
Rückkreuzung 17

S
Schwellenwerteffekt 24
Selektion 35
semikonservativ 103
Sichelzellanämie 30
Sinusknoten 46
sinus-venosus 41
Sol-Zustand 49

Spaltungsgesetz 17
Spermatocyte 1
Spermatogenese 1, 5
Spermatogonie 1, 5
Spermium 1, 5, 12
S-Phase 3, 109f.
Spore 59
Stammzelle 51
stationäre Phase 61
stenök 72
Sterilisation 62
Streptomycin 59
Symbiose 77
Sympathicus 46
Syncitium 51
Synökologie 71
Synthese 69
Systole 46

T
Tabakmosaikvirus 66
Telophase 113
Temperatur 72
Thymin 99f.
tight junction 87
Toleranzbereich 72
Transduction 64
Transformation 64
Transcription 30, 105
Translation 107
Translokation 13, 37
Translokations-Down-Syndrom 15
Triplett 105
Trisomie 8f.
Tunnelproteine 89
Turner-Syndrom 9, 12

U
Unabhängigkeitsgesetz 18
Uncoating 68
Uniformitätsgesetz 16
unit membrane 86
Uracil 99
UV-Strahlung 74

V
Vakuole 89
Ventrikel 41f.
Ventrikelseptum 44f.
Viren 55, 65f.
Viroid 55

Z
Zellbewegung 49f.
Zelleinschlüsse 96
Zellkern 84, 97
Zellkontakt 50f., 87f.
Zellmembran 86
zentrische Fusion 14, 37
Zonula adhaerens 87
Zonula occludens 87

Literaturverzeichnis

Bachmann: Biologie für Mediziner, Springer V., 1976
Bresch, Hausmann: Klassische und molekulare Genetik, Springer 1972
Buddecke: Grundriß der Biochemie, de Gruyter 1977
Buselmaier; Biologie für Mediziner, Springer V., 1976
Czihak, Langer, Ziegler: Biologie, Springer V., 1978
Frank: Humangenetik, Jungjohann, 1978
Hadorn, Wehner: Allgemeine Zoologie, Thieme, 1978
Harnack: Kinderheilkunde; Springer 1980
Leonhardt: Histologie, Zytologie und Mikroanatomie des Menschen, Thieme, 1977
Odum, Reihholf: Ökologie, BLV-Verlagsgesellschaft, 1980.
Pschyrembel: Klinisches Wörterbuch, de Gruyter, 1977
Schettler; Innere Medizin, Thieme, 1980
Schmidt, Thews: Einführung in die Physiologie des Menschen, Springer V., 1978
Schmidt-Matthiesen; Gynäkologie, Schattauer, 1979
Tischler; Einführung in die Ökologie, Fischer, 1976
Vogel, Angermann: dtv-Atlas zur Biologie, Deutscher Taschenbuch-Verlag, 1975

Prüfungsrelevanter
Gegenstandskatalog 1

zum Physikum mit Angaben der Häufigkeit
bisher abgefragter Lernziele

Exa-Med

Dieter Neubauer und Eva Härtel
ca. 100 S., 3 Abb., DM ca. 9,80   Best. Nr. 92 0147

 Verlag Jungjohann Heidelberg

Exa-Med

Verzeichnis der lieferbaren Titel (Stand 1.4.1981) zum Physikum

Antwortkataloge (Ak)
Prüfungsfragen (Pr)
Original-Fragen (Or)
Antwortkarteien (Ka)

Zum GK 1 (2. Auflage)

Antwortkataloge (Ak) zum GK 1 (2. Aufl.)

GK 1	Prüfungsrelevanter Gegenstandskatalog 1	(147)	ca. 9,80
Ak 1	Physik (Gleitz) 3. Auflage	(28)	12,80
Ak 2	Chemie (Schmitz) 3. Auflage	(15)	12,80
Ak 3	Biologie (Löbelenz) 3. Auflage	(01)	11,80
Ak 4	Anatomie (Moll) 3. Auflage	(41)	21,50
Ak 4 b	Anatomie am Lebenden (Kießling)	(104)	12,80
Ak 4 c	Rep. zum Knochentestat (Wittig)	(105)	10,80
Ak 5 a	Physiologie (Ewig/Pfeiffer) 3. Auflage	(20)	23,80
Ak 5 b	Physiologie (Haas) 2. Auflage	(101)	21,50
Ak 6	Physiolog. Chemie (Küttler) 4. Auflage	(14)	19,80
Ak 7 a	Med. Psychologie u. Soziologie (Bürkle/Schad) 3. Aufl.	(45)	18,80
Ak 7 b	Med. Psychologie u. Soziologie (Ott)	(46)	19,80
Ak 8 a	Repetitorium zum GK 1 (Tröster) Band I	(181)	12,80
Ak 8 b	Repetitorium zum GK 1 (Tröster) Band II	(182)	10,80
Ak 9	Histologie (Weyerstahl)	(110)	16.80
Ak 10	Neuroanatomie (Wiens)	(111)	
Ak 11	Embryologie (Heinemann)	(44)	12,80

Prüfungsfragen mit kommentierten Antworten zum GK 1 (2. Aufl.)

Pr 1	Physik (Gleitz)	(85)	12,80
Pr 2	Chemie (Zippel) 2. Auflage	(87)	8,80
Pr 3	Biologie (Spachmüller) 3. Auflage	(82)	12,80
Pr 4	Anatomie (Moll) 2. Auflage	(86)	21,50
Pr 4 b	Prüfungs-Abbildungen Anatomie	(189)	7,50
Pr 5	Physiologie (Wiens) 2. Auflage	(84)	19,80
Pr 6	Phys. Chemie (Spachmüller) 3. Auflage	(83)	19,80
Pr 7	Med. Psychologie u. Soziologie (Bürkle/Schad) 3. Aufl.	(23)	12,80
Pr 8			
Pr 9	Histologie (Weyerstahl)	(190)	9,80
Pr 10	Neuroanatomie (Wiens)	(191)	14,80
Pr 11	Embryologie	(192)	

Exa-Med

Original-Fragen zum GK 1 (2. Aufl.)

Or 1	Physik/Chemie (Hoffmann)	(180)	18,80
Or 2	Chemie/Phys. Chemie (Türmer)	(22)	9,80
Or 3	Biologie siehe Or 4		
Or 4	Biologie/Anatomie (Türmer)	(19)	9,80
Or 4 b	Anatomie (Bob)	(161)	ca. 18,80
Or 5	Physiologie (Mochnac) – 2. Auflage	(160)	19,80
Or 6	Phys. Chemie (Mochnac) – 3. Auflage	(170)	19,80
Or 7	Med. Psychologie und Soziologie (Wagner)	(171)	9,80
Or 8	GK 1 – Gesamtausgabe I (Heinz) – 3. Auflage	(48)	19,80
Or 9	GK 1 – Gesamtausgabe II (Heinz) – 3. Auflage	(49)	16,80
Or 10	Sammelband Physikumsfragen (Heinz)	(50)	
Or 11	Physika 1977 (Kießling)	(150)	9,80
Or 12 a	Physika 1978 (Kießling)	(51)	9,80
Or 12 b	Physika 1979 (Scherff)	(152)	12,80
Or 12 c	Physika 1980	(153)	12,80
Or 13	Ergänzung I zur GK 1 – Gesamtausgabe I, II (Hammer)	(195)	10,80
Or 13b	Ergänzung II zur GK 1 – Gesamtausgabe I, II (Hammer)	(196)	12,80

Antwortkarteien zum GK 1 (2. Aufl.)

Ka 1	Physik (Volkert)	(93)	
Ka 2	Chemie (Wolowski)	(94)	16,80
Ka 3	Biologie (Reifenhäuser)	(95)	16,80
Ka 4	Anatomie (Wittig)	(90)	19,80
Ka 5	Physiologie (Daudert)	(89)	19,80
Ka 6	Physiologische Chemie (Daudert)	(88)	16,80
Ka 7	Med. Psychologie u. Soziologie (Hammer)	(92)	18,80

Allgemeines

Chemie zum chem. Praktikum (Gebest) 5. Auflage	(2)	9,80
Zeichenvorlagen für den anatom. Unterricht (Prof. Kantner)	(4)	9,80
Dr. jur. Kraemer (IMPP) Die schriftliche Prüfung im Fach Medizin	(800)	16,80

Das Buch zum histologischen Kurs

Allgemeine und spezielle Histologie
von Thomas Weyerstahl

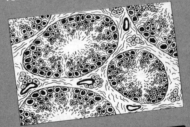

Exa-Med

190 S.,
69 Abb.,
DM 16,80

Verlag Jungjohann Heidelberg

Nur durch ständigen Erfahrungsaustausch können wir unsere Lernzieltexte und Fragensammlungen noch verbessern. Ihre Meinung über dieses Buch ist für uns von großem Interesse. – Wir bitten um Ihre Mithilfe!

1. Welches [Exa-Med] Taschenbuch haben Sie intensiv durchgearbeitet?
   ....

2. Wie ist das Thema behandelt?
   ( ) zu ausführlich   ( ) zu kurz   ( ) angemessen

3. Wie ist der Stoff dargestellt?
   ( ) schwer verständlich   ( ) unübersichtlich
   ( ) gut verständlich   ( ) anschaulich, einprägsam
   ( ) weitschweifig   ( ) didaktisch gut aufgebaut
   ....

4. Welche Stoffgebiete müssen verbessert werden, da sie den Anforderungen in der Prüfung nicht genügen?
   ....
   ....

5. Welche Kapitel sind zu ausführlich dargestellt?
   ....
   ....

6. Welche zusätzlichen Forderungen sähen Sie gerne in einer Neuauflage erfüllt?
   ( ) keine   ( ) Text ausführlicher
   ( ) mehr anschauliche Beispiele ( ) mehr Abbildungen u. Tabellen
   ( ) straffere Konzeption   ( ) stichwortartige Zusammen-
   ( ) Sachwortverzeichnis   fassungen
   ( ) Literaturverzeichnis
   ....
   ....

7. Wie finden Sie Aufmachung und Qualität der Ausstattung?

	gut	genügend	ungenügend
Druck und Papier	( )	( )	( )
Abbildungen und Tabellen	( )	( )	( )
graphische Gestaltung	( )	( )	( )
Gesamtgestaltung	( )	( )	( )

8. Sind Sie prinzipiell an der Überarbeitung von Original-multiple-choice Prüfungsfragen interessiert?
   ....
   ....

9. Welche Erfahrungen haben Sie mit diesem Buch bei Ihren Prüfungsvorbereitungen bzw. in der Prüfung gemacht?
   ( ) absolut prüfungsrelevant
   ( ) bedingt prüfungsrelevant
   ( ) muß verbessert werden, da in dieser Form unbrauchbar

   ....
   ....
   ....

10. Wie finden Sie den Preis des Buches?
    ( ) zu hoch   ( ) angemessen   ( ) sehr günstig

11. Ihre Verbesserungsvorschläge:

    ....
    ....
    ....
    ....

12. Welche Prüfungstexte müßten nach Ihrer Meinung noch unbedingt herausgegeben werden?

    ....
    ....
    ....

Name: ....

Anschrift: ....

Sem: .....   ( ) Vorklinik   ( ) Klinik

Wir danken Ihnen für die Beantwortung der Fragen und bitten um Einsendung an:

Dr. med. H. Jungjohann
Verlag Jungjohann
Waldweg 12/1
7107 Neckarsulm